KB034209

꿰어보는 러시아와 중국

꿰어보는 러시아와 중국

초판 1쇄 발행 2023년 2월 20일

지은이 오강돈
펴낸이 강수걸
기획실장 이수현
편집장 권경옥
편집 이선화 강나래 신지은 오해은 이소영
디자인 권문경 조은비
등록 2005년 2월 7일 제333-3370000251002005000001호
주소 부산시 해운대구 수영강변대로 140 BCC 613호
전화 051-504-7070 | 팩스 051-507-7543
홈페이지 www.sanzinibook.com
전자우편 sanzini@sanzinibook.com
블로그 http://sanzinibook.tistory.com

ISBN 979-11-6861-130-6 03300

꿰어보는 러시아와 중국

오강돈 지음

中华人民共和国万岁

世界人民大团结

중·러의 코드를 이해하면
세계가 보인다

산지니

일러두기

× 중국 인명은 외래어표기법을 따라 원어 발음으로 표기하되 대중적인 인식을 따라 한자음으로 표기한 경우도 있다. 지명은 한자음으로 표기하되 베이징 등과 같이 잘 알려진 경우 예외를 두었다.

× 잡지 이름은 『』, 노래, 신문, 영화, 공연의 이름은 < >으로 표기했다.

××××××

여는 글

러시아와 중국을 이해하기 어렵다는 사람들이 많다. 두 나라는 다른 나라들과 비교하여 뭔가 알 수 없는 특이한 부분이 공통적으로 존재하는 것 같다. 그 특이한 공통부분은 북한이나 여타 사회주의를 했던 나라들에서도 보인다. 국제사회에서 러시아와 중국은 암중모색과 백일하 협력을 번갈아 한다. 물론 러시아와 중국이 대립하거나 따로 움직이는 경우도 있다.

『꿰어보는 러시아와 중국』으로 러시아, 중국(그리고 북한 등)을 관통하는 코드적 행태에 대한 비교문화적, 지정학적 해석을 시도해 보았다. 이 책은 러시아, 중국, 북한 등의 돌출 행동을 파악하기 위한 노력이기도 하다. 러시아를 알면 중국이 보일 수 있다. 중국을 읽으면 러시아를 짐작할 수 있다.

지리적으로 붙어 있는 러시아와 중국 사이에는 오래된 사연이 많이 있다. 현대 중국의 동북지역과 러시아는 긴 국경을 맞대고 있다. 그리고 중국 서북지역은 구소련의 카자흐스탄, 키르기스스탄, 타지키스탄 등과 국경을 함께 이룬다.

러시아와 중국은 특수한 관계다. 러시아와 중국의 관계는 각별하다. 역사, 군사, 정치, 경제, 문화, 사회적으로 깊이 엮여 있다. 사회주의를 같이한 역사적 공통분모도 있다. 지구상에 마르크스주의를 실제 국가체제로 최초로 구현했던 나라가 소련이다. 소련은 사회주의의 '원조(元祖)' 국가이고, 사회주의 중화인민공화국을 '원조(援助)'했다. 소련과 중국은 북한을 '원조(援朝)'했다. 세 번째 '원조(援朝)'란 한국전쟁 당시의 이야기로, 미국에 대항하여(抗美, 항미) '조선을 돕는다(援朝, 원조)'는 뜻이다.

러시아와 중국은 조선의 끝 무렵부터 20세기 초까지 제각기 한반도를 자기 집 안마당처럼 여기며 한반도의 지배권을 두고 러일전쟁, 청일전쟁 등을 벌여 다투었다.

한국전쟁 이후 한국에서는 미국과 일본에 대한 관심 및 교류와 비교하여 상대적으로 소련과 중국에 대한 관심과 교류는 적을 수밖에 없었다. 냉전 시기 소련, 중공과 교역을 포함한 그 어떤 관계도 대놓고 할 수가 없었다. 소련은 철의 장막으로, 중공은 죽의 장막으로 저 너머에 있었다. 러시아, 중국과 한국은 1990년 한소수교, 1992년 한중수교를 맺은 뒤에야 비로소 상대방을 '국가' 그리고 '시장과 소비자'로 인식했다. 현대 러시아와 중국은 정치 군사적으로 분단된 남북한을 둘러싼 4강이자 6자회담의 일원이다. 우리 정권이 바뀌더라도 동북아의 군사적 긴장과 그 완화를 담보로 한 '육로 연결 경제권 활성화'는 늘 정치 협상의 단골 주제가 되어 왔다.

2022년 러시아의 우크라이나 침공 이후 미중 갈등은 더 표면으로 드러나고 신냉전이 본격화되고 있다. 신냉전의 한 축은 미국 중심의 세계이고, 다른 한 축은 중국-러시아 중심의 세계다. 우크라이나와 한반도는 냉전, 신냉전의 영향력이 국토를 가른 지정학적 유사성이 있기 때문에 전쟁에 대한 우리의 관심도 증폭된다. 나토의 동진에 맞서 러시아는 최소 드네프르강을 경계로 우크라이나 동남부에 집착할 것이다.

설마 하던 전쟁이 현실화되자 유럽의 전선은 더 분명해졌다. 중립을 표방하던 국가들마저 반러에 동참하고 전비태세에 들어갔다. 한편 세계인의 시선은 이제 중국과 대만의 양안으로도 모인다. 중국도 힘으로 대만을 제압하려 할 수 있다는 전망 때문이다. 미국이 인도태평양 전략으로 중국을 압박하고 나서면서, 지역의 긴장 상황은 예측의 한계를 넘어선다. 만약 신냉전이 군사적 갈등으로 비화하고 범세계적 군사력의 재배치가 일어날 경우, 북한의 오판 등을 우려하지 않을 수 없다. 한국의 안전과 번영을 보장하기 어렵다. 우리는 절대 신냉전의 국외자가 될 수 없다.

2022년 8월 24일은 한중수교 30주년이 되는 날이었다. 한중 양국 정부 간 관계는 아직 미묘하다. 산적한 이슈 중 특히 '사드' 건은 미중 간 첨예한 패권, 안보 문제는 물론이고, 절차적 체면 손상 함의가 있다고 하는 등 다층적이다. 경제적인 면으로는 글로벌 공급망 체제 내에서 초고속 발전한 중국의 등에 올라탄 한국의 대중 무역수지 30년 흑자가 한국 경제에 거대한 이득을 주었다.

중화인민공화국 건국 기념일, 그러니까 국경절이 1949년 10

월 1일인데 중국과 소련은 다음 날인 1949년 10월 2일에 외교 관계를 맺었다. 미국과 중국은 유명한 핑퐁 외교를 포함한 접촉 끝에 1979년 1월 수교했다. 주지하듯, 중-소 관계는 협력과 갈등을 반복했다. 미중수교는 당시 미국의 세계질서 구상이 담겨 있고 중국과 소련 사이의 관계악화도 영향을 미쳤다.

한소수교와 한중수교도 떼어 놓고 볼 수 없다. 2022년 8월 타계한 고르바초프 전 소련 대통령이 한소수교의 주역이다. 1990년 6월 미국에서 노태우-고르바초프 회담이 열렸고 1990년 9월 한소수교가 이루어졌다. 고르바초프는 1991년 한국을 방문했다. 이듬해 한중수교가 성사되었다.

미중수교 전후 미국 정부는 중화인민공화국을 서방의 가치사슬로 끌어들일 수 있다고 판단했다. 중국은 개혁개방 후 세계무역기구(WTO) 가입 노력이 좌절되고 있었다. 미국은 중국이 글로벌 공급망에 포함되도록 도왔다. 미국의 지원으로 중국은 2001년 WTO에 가입했다. 해외 직접투자(FDI)로 들어온 해외자금과 WTO 가입허용을 지렛대로 삼아 중국 경제는 가파르게 성장했다. 무역은 독일, 미국을 제치고 세계 1위가 되었다.

시진핑은 집권하자마자 선조와 전대의 도광양회(韬光养晦) 교훈을 흘러간 노래로 만들었다. 미국과의 관계를 재정립하고자 '신형 대국 관계(新型大国关系)'를 선언했다. '신형 대국 관계'에서 중국을 굴기국(崛起国)으로, 미국을 기성대국(既成大国)으로 정의하고 '기성대국과 굴기국'은 '상호존중과 합작공영(合作共赢)'을 해야 한다고 했다. 동시에 대내외적으로 '중화민족의 위대한 부흥',

‘중국몽’, ‘일대일로’, ‘중국제조 2025 국가행동 강령’ 등의 개념을 표방했다. 그러나 G2의 갈등이 표면화되고 있다. G2 갈등 표면화의 도화선에는 중국이 발톱을 드러낸 탓이다, 미국이 중국을 제압해야겠다고 판단했기 때문이다 등의 주장들이 혼재한다.

중국은 국제특허 출원 순위에서 2019년부터 미국을 앞질렀다. 중국은 권위주의 정부를 힘입고, 많은 인구를 자원으로 하여 여러 분야에서 유리한 위치에 있다. 쉬운 예로 공권력이 보유한 개인정보와 전국에 산재한 안면인식 카메라가 있다. 방대한 빅데이터와 이것을 활용한 머신러닝, 딥러닝은 인공지능(AI) 분야 발전의 견인차다. 양자 기술은 세계 무대에서 이미 두각을 드러내고 있다. 생명공학, 유전공학 연구는 ‘윤리’ 이슈에서 서방에 비교하여 상대적으로 운신의 폭이 넓다. 중국은 또 대체 에너지 분야에서도 강점이 있다. 태양광의 경우 글로벌 가치사슬을 선점했다. 중국은 2차전지 소재와 제련 분야에서도 앞서 있다. 미국과 러시아가 각자 자국 내 사정으로 더딘 우주개발, 우주정거장 진행 속도도 중국은 잰걸음이다.

트럼프는 관세를 높였고 바이든은 글로벌 공급망으로부터 중국을 제외하고자 한다. 현대, 미래 산업에 필수적인 반도체 분야에서 중국을 옥죄고 있는 것이다. 반도체 첨단화에 꼭 필요한 노광장비를 거의 독점하고 있는 네덜란드의 ASML사로 하여금 중국에 장비를 팔지 못하도록 영향력을 행사했다. 미국 엔비디아(NVIDIA)사의 고성능칩도 대중, 대러 수출은 금지되었다.

이 와중에 러시아와 중국은 더 밀착했다. 베이징 동계올림픽에 참석한 푸틴은 며칠 후 우크라이나를 공격했다. 중국은 국제 제재 하의 러시아 원유를 사줬다. 상하이 협력기구(SCO)는 푸틴-시진핑이 '협력'하는 모습을 세계에 보여주었다. 각각 유엔 안보리 상임이사국인 러시아와 중국이 협력하면 다자 상황에서도 제어하기 어렵다. 이제 신냉전의 시대다. 신냉전의 한 축인 중국-러시아는 '전체주의, 권위주의, 스트롱맨'을 상징하며, '효율과 효과'를 앞세운다. '서방 블록'은 '유권자의 표'를 얻어야 하면서 동시에 '결과적 효율과 효과'를 놓고도 중-러와 경쟁해야 한다. 한편 국제경제는 정치와 국제관계 요인 없이 설명이 불가능한 시대가 되었다.

이 책의 제목 『꿰어보는 러시아와 중국』처럼 두 나라를 '꿰어보고자' 했다. 첫 번째 '꿰다'는 '엮어서 보다'의 의미로 연관(聯關)이다. 러시아와 중국의 관계를 꿰어 엮어 연관하여 보고자 했다. 둘째 '꿰다'는 '뚫다'의 의미다. 관통(貫通)이다. 러시아와 중국의 과거 및 현재를 꿰뚫어 관통하여 보고자 했다. 셋째 '꿰다'는 '훤하게 알다'의 의미다. 통찰(洞察)이다. 다른 나라들을 훤하게 꿰어 알아 우리의 미래를 통찰하여 보고자 했다.

나는 늘 배동만 사장님께 감사드린다. 배동만 사장님은 호텔신라, 에스원, 제일기획 등을 경영하셨는데 선공후사의 덕목을 견지하셨고, 필자에게 삼성의 경영 시스템을 지도해 주셨다.

또 언제나 지지해 주는 가족에게 감사한다.

××××××

차례

여는 글 5

1장 러시아와 중국, 제이 세계의 갈등과 협력

러시아가 차이나를 '키타이'로 부르는 이유 17

광활한 만주벌판과 연해주, 17세기 러시아와 청의 각축 20

간도로 건너간 사람들과 고려인, 조선족 26

소련과 중공을 함축하는 말 '원조元祖, 원조援助, 원조援朝' 32

기나긴 국경선의 두 나라, 갈등과 협력 37

고려인은 '몽둥이', 일본인은 '귀신같은 놈' 42

러시아, 중국과 붙어 있는 한반도 47

레닌, 마오쩌둥, 김일성, 호찌민의 시신에 방부제를 바르다 52

붉은 것은 아름다운 것이다 56

망치, 톱니바퀴, 낫, 곡식다발, 책, 태양, 별 62

신냉전의 시대, 서방의 대척점에서 싸우자 67

20억 명이 쓰는 말 71

2장 '먹고 자고 즐기기' 다른 듯 비슷한 두 나라

차茶와 차이Чай 77

'귀의 빵'-교자와 펠메니 82

양꼬치엔 칭다오 87

원샷, 다드나, 깐뻬이 91

러시아의 요새, 중국의 성곽 95

너에게 아파트를 줄게-공우, 스탈린카, 흐루쇼프카 102

집단 난방의 역사, 이제 에너지 협력으로 108

선전 영화 〈전함 포템킨〉과 〈건국대업〉 113

러시아 발레와 중국 발레 118

엘리트 체육으로 체제 우월성을 122

러시아인에게 여행지는 따뜻한 곳이 우선 128

호텔이 아니라 손님집-'빈관'과 '가스찌니짜' 132

도박, 매매춘, 마약은 사회의 3대 추악 136

사회주의 서커스의 명성 143

3장 러시아인과 중국인의 일상 속으로

러시아 여성은 결혼하기 힘들다? 149

사회주의는 무상 의료인가 153

3월 8일 여성의 날 158

오월 미녀와 슬라브 미인 162

국영 백화점과 상회 165

사회주의 국가가 자본주의의 총아, 광고를 하다 169

가장 많은 시간대-러시아, 하나의 시간대-중국 176
반파시스트 전쟁 기념일 180
초장거리 철도로 잇는 대륙 184
제이 세계의 하늘에는 미그, 수호이, 이르쿠트, 일류신, 투폴레프 189
김일성 전용 차량 '지스'-스탈린의 이름을 기념한 공장의 자동차 193

4장 **체제를 위하여 '항상 준비'**

소련 과학원과 중국 과학원 201
중국의 '고교'는 대학, 소련의 '닥터'는 포스트 닥터 207
경례, 오른손을 높이 올려 '항상 준비' 211
통신사 '이타르 타스'와 '신화사' 217
조선 중앙텔레비죤 222
프로파간다의 선봉에서 228
네이버, 바이두, 얀덱스의 공통점 232
토종 소셜미디어, 웨이보와 vk 236
러시아와 중국, 다민족 국가의 소수민족 정책 240
유대인 자치주가 왜 극동 연해주 옆에? 245
무슨 신분증이 이렇게 많아 250
주숙등기를 하시오 255
'철 밥그릇'과 '올리가르히' 259
중국 '공안'과 러시아 '밀리찌야' 265

맺는 글 270

1장

러시아와 중국, 제이 세계의 갈등과 협력

러시아가 차이나를 '키타이'로 부르는 이유

외국에서 한국의 이름이 '코리아'이듯 외국인들이 중국을 부르는 명칭이 있는 것이 당연하다. 잘 알려진 바와 같이 서양인들이 중국을 부르는 이름 '차이나'는 중국 대륙의 첫 번째 통일왕조 진(秦, 친)나라와 관련이 있다.

그런데 러시아어로 중국은 '키타이(Китай)'다. 키타이라는 이름은 '거란'과 관련이 있다. 거란은 몽골어로 '키단'이고 이것은 중국어로 치단(契丹)이다. 유럽 일부 나라에서 중국을 부르는 이름 '키탄(Khitan)'과 '캐세이(Cathay)'도 이것에서 유래한 것이다. 이 이름의 용례 중 하나는 잘 알려진 대로 홍콩 거점 항공사 '캐세이 퍼시픽'이다.

10세기에서 11세기에 중국 북방의 유목 민족 거란은 만리장성을 넘어 지금의 베이징 지역을 지나 중원으로 밀고 내려와 개봉

(开封)까지 차지하며 요나라를 세웠다. 개봉은 위나라, 후한 등 8개 나라의 수도였다. 거란이 무너뜨린 나라들은 오대, 발해, 북송, 서하 등이다. 거란은 고려도 수차례 침공했고 이 과정에서 강감찬, 서희 등이 큰 역할을 한 것은 잘 알려져 있다. 중원의 관점에서 거란은 북방의 유목 소수민족이다. 요나라는 유목 민족이 중국에 정복 국가를 만든 최초의 역사다. 중국은 이러한 역사도 자신들의 역사로 편입한다.

그 옛적 시베리아 남쪽 일대에는 러시아와 거란, 두 집단 간 충돌 또는 교류가 있었다. 러시아인에게 중국이 '키타이(Китай)'라는 이름으로 규정되고 전파되는 데 이 사건들이 아마도 영향을 미치지 않았나 짐작해 볼 수 있다.

러시아는 13세기 몽골제국에 의해 다시 한번 아시아에게 강렬한 인상을 받았다. 몽골의 서방 원정으로 당시 슬라브족의 주력 키예프(키이우) 공국과 크림(크름)반도까지 몽골의 지배하에 들어갔으며 혼란과 혼혈이 일어났다. 점령은 폴란드, 헝가리 등에 이르렀다. 몽골의 러시아 지배는 15세기까지 이어졌다. 러시아인들은 이것을 '타타르의 멍에'라고 부른다. 몽골로서는 타타르가 하나의 부족이었지만 러시아 사람들에게 타타르는 곧 몽골족으로 통했다. 현대 러시아에서 타타르라는 단어에는 보다 다양한 해석이 혼재되어 있는데 몽골족, 튀르크계, 캅카스계를 부르는 이름이 뒤섞여 있다. 참고로 중국어로 타타르는 따따(韃靼)이다.

몽골족이 세워 중국 대륙을 평정한 원나라도 중국에서는 중국 역사로 편입되었다. 그리고 현대 중국에서 몽골족은 중국을 이루는 소수 민족 중의 하나이고, 내몽고 자치구는 중국 영토로 되어 있다. 내몽고 북쪽의 외몽고(몽골)는 20세기 초까지 중국의 영향하에 있었다. 그러나 외몽고는 소련 측에 기대면서 중국으로부터 독립하였다. 이후로 외몽고는 지구상 두 번째의 사회주의 국가이자 소련의 위성 국가가 되었다. 문자도 러시아의 문자를 사용하고 있다.

현대 러시아에서 동양인이 길거리를 지나다니다가 '키타이스키(Китайский)'라는 말을 듣는 경우가 있다. '중국인의, 중국의'의 의미를 가지는 러시아 말이다. 러시아인들이 외모상으로 중국인, 한국인, 일본인을 구분해 내기는 힘들기에, 한국인들도 러시아에서 이 말을 들을 개연성이 충분히 있다. 문제는 이 말이 결코 우호적인 말이 아니라는 사실이다. 다분히 인종 비하적인 의도가 담긴 말이라고 할 수 있다. 또한 러시아에서는 동양인 특히 동양 남성을 대상으로 한 인종 차별적 공격이 있기도 해서 러시아를 방문할 때는 주의를 기울일 필요가 있다는 점을 덧붙인다.

××××××××××××××××××××××××

광활한 만주벌판과 연해주, 17세기 러시아와 청의 각축

××××××××××××××××××××××××

동북아는 격랑의 지역이다. 만주(滿洲)는 동북아의 중심에 있다. 만주를 둘러싼 중국과 러시아는 오랜 곡절이 있다. 한국 사람들은 '만주 벌판'이 귀에 익었다. 그러나 현대 중국 당국은 만주를 '지리적' 개념으로 언급하는 것을 선호하지 않는다. 중국에서는 그 지역을 '동북(东北)'이라고 표시하는 것이 공식적이다. 현대 중국의 지도상에도 만주로 검색되는 지명은 멀리 내몽고의 '만주리(满洲里)'를 빼고는 없다. 중국 내몽고 자치구의 만주리는 러시아의 자바이칼스크(Забайкальск)와 맞닿아 있다. 만주리는 몽골(외몽고)과도 가깝다. 현대 중국에서는 '지리적 만주'보다 소수민족 '만주족'을 거론하는 것이 더 일반적이다. 중국의 주류인 한족을 제외한 55개 소수민족 가운데 '만주족'은 인구로 볼 때 세 번째 내지 두 번째를 점한다.

만주족이 청나라를 만들었다. 만주족의 여진이 후금을 세우고 청나라로 이름을 바꾸었다. 청나라는 중국 대륙 마지막 봉건 왕조로 기록된다. 중국은 청나라는 말할 것 없고, 그 이전 어느 시기의 만주 지역도 중국 땅이 아니었던 적이 없다고 말한다. 만주족의 땅은 백산흑토(白山黑土)라 했다. 백산은 백두산이다. 만주는 백두산이 흘러내린 흑토의 땅이다. 만주족이 강성해지면서 17세기 중반 만리장성 동쪽 초입 산해관(山海關)의 서쪽을 넘어 화북으로 진입하며 중국 대륙을 통일했다. 중국의 역사에 산해관이 자주 등장하는 까닭은 산해관의 서쪽이 고래로 중국의 주 무대이기 때문이다. 만주도 동북도 모두 산해관의 동쪽에 있어서 관동(關東)인 것이다.

17세기 차르 러시아는 시베리아를 가로질러 동쪽으로 확장하기 시작하였다. 시베리아는 러시아어로 시비르(Сибирь)다. '시비르'는 러시아어로 북쪽을 뜻하는 세볘르(Север)가 어원이라는 설과 함께, 비슷한 발음의 타타르의 신, 몽골의 신, 또는 원래 그 땅에 있던 마을이나 하천의 이름에서 유래했다는 이야기도 있다. 시베리아는 중국어로 시보리야(西伯利亚)다. 중국은 시베리아의 일부도 원래 중국 땅이었다고 본다. 시베리아의 어원도 '선비(鲜卑, 시엔베이)'라는 말에서 왔다는 주장이 있고, 몽골어로 진흙·진창을 뜻하는 '시보얼(西波尔)'에서 왔다는 쪽도 있다. 17세기 차르 러시아는 유럽에서 동진하여 만주에 다다라, 얼지 않는 부동항을 바라고 청나라 강희제와 다투게 되었다.

연해주도 만주의 일부다. 한국이나 일본에서 이 지역은 '연해주(沿海州)'라는 말로 통한다. '바다와 붙어 있는 땅'이라는 의미겠다. 러시아에서 더 포괄적으로는 '원동(遠東)'이라고 부른다. 유럽 쪽 러시아에서 아주 '멀리 있는(Дальний) 동쪽(Восток)'이라서 원동이다. 원동 중에서 행정구역 '연해주 지방(Приморский Край)'은 우수리(乌苏里)강 동쪽이다. 한국이나 일본에서는 러시아 원동을 '러시아 극동'이라고 번역한다. 이것은 서유럽이 '한·중·일 등 유라시아 동쪽을 일컫는 극동'과는 다른 개념의 극동이다. 중국 사람들에게 연해주라고 말하면 못 알아듣는다. 중국인에게 '연해(沿海)'는 '상하이, 천진, 청도 등 중국해 연안 지역'을 뜻한다. 중국인들은 연해주와 러시아 원동 지역을 '외(外)동북' 혹은 '외(外)만주'로 표현한다.

청나라 때에는 외만주가 청나라 땅이었다. 만주의 우수리강은 중국과 러시아 사이를 북쪽으로 흘러 하바롭스크(Хабаровск)에서 흑룡강(아무르강)과 만난다. 외만주에 블라디보스토크가 있다. 러시아어로 블라디보스토크(Владивосток)의 뜻은 '동쪽을 소유하라', '동쪽을 지배하라'다. 중국인들은 블라디보스토크를 '푸라디워스퉈커'라고 부르기도 하지만 해삼위(海蔘威) 또는 해삼외(海参崴)라는 지명의 청나라 땅이었다. 더불어 중국 이름으로 하바롭스크는 보리(伯力), 사할린섬은 쿠예(库页 또는 苦叶)섬이다.

만주에서 러시아와 청나라가 조우했는데, 1689년의 네르친스크 조약은 외만주를 청나라 땅으로 하여 양국의 국경을 획정하였다. 이후 청나라는 1840년 영국과의 아편전쟁에서 대패하면서 국운이 기울고 난징 조약으로 홍콩 등을 빼앗겼다. 이 와중에 러시

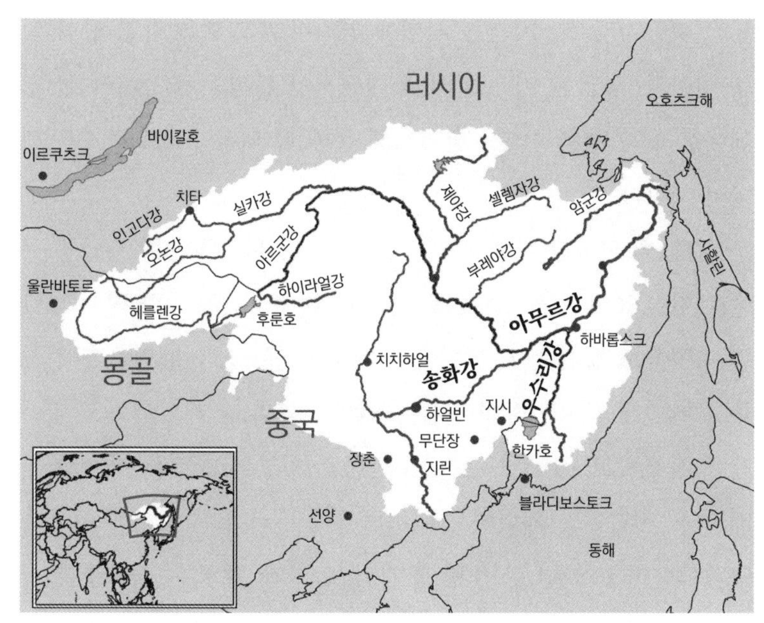

흑룡강(아무르강), 송화강, 우수리강이 보인다. (출처: 위키미디어 커먼스)

아는 1858년 청나라와 우수리강 동쪽의 연해주를 두 나라가 공동 관할한다는 아이훈 조약을 맺고, 연이어 1860년 베이징 조약을 통해 우수리강 동쪽 연해주를 차지했다. 1886년에 세워진 중국·러시아 국경 표지석 동쪽은 러시아 하산(Хасан)과 블라디보스토크 방향이다. 러시아 측 표지에는 쌍머리 독수리 표식이 있다. 중국 측 표지인 '토자패(土字牌)' 서쪽은 중국 두만강 방향이다. 남쪽은 북한·러시아 국경 두만강 방향이다.

그렇기 때문에 중국에게 현재 러시아의 원동 지역 즉 블라디보스토크, 하바롭스크, 사할린섬을 포함한 지역은 역사적으로 비교적 최근이라 할 수 있는 시기에 러시아에 의해 빼앗긴 땅이 되는 것이다. 중국은 이 조약들을 대표적인 불평등 조약이라 한다. 베이징 조약 이후 중국은 한반도의 동해 쪽 태평양으로 나가는 해안이 막혔다.

원동을 획득한 차르 제정 러시아는 1898년에 만주 서남쪽 여순·대련을 조차권을 통해 자신들의 수중에 넣었고 차차 만주의 다른 지역들도 점령했다. 한편 만주에서 러시아의 지배권을 인정해 주고 한반도를 유린하던 일본은 남만주를 노려 러시아와 러일전쟁을 시작하고 1905년 승전했다. 이후 일본은 만주를 사실상 지배한다. 1911년 신해혁명으로 청나라가 무너졌다. 일본은 야욕을 구체화하여 1932년 만주 땅에 괴뢰 '만주국'을 세우고 만주족 청나라 마지막 황제를 꼭두각시로 내세워 일본의 공식 식민지로 만들었다. 이 과정에서 장춘을 수도로 삼고 이름을 신경(新京)으로 바꾸었다. 청나라 마지막 황제 푸이는 1934년 만주국 황궁 가운데 하나인 근민루에서 만주국 황제 즉위식을 가졌다. 괴뢰 '만주국'은 현대 중국이 '만주'라는 단어를 기피하는 이유 중 하나다.

1949년 중화인민공화국 건국 이후 소련은 협의의 만주, 즉 중국의 동북 3성 지역에 중화학공업을 지원했다. 중국 동북 지방은 개혁개방 후 급성장한 중국 동남 연해의 도시들에 비해 발전이 더딘 측면이 있지만 중국 당국은 이 땅을 중시하며 국방, 자원, 농업, 공업 등의 측면에서 전략적 지역으로 본다.

현대 러시아에게 원동은 석유와 가스를 비롯한 자원의 땅이다. 또 태평양과 동북아시아로 진출하는 군사적 요지다. 푸틴은

이 지역의 경제 개발을 위해 원동 개발부를 설립했다. 원동 지방과 시베리아에서 열리는 '보스토크'는 러시아 최대 규모의 군사훈련으로 러시아 대통령이 참관한다. 중국, 몽골, 튀르키예도 이 군사훈련에 참가한다.

××××××××××××××××××××××××

간도로 건너간 사람들과 고려인, 조선족

××××××××××××××××××××××××

백두산 천지에서 발원한 송화강(松花江)은 북으로 흘러 동강(同江)시 인근에서 흑룡강과 만난다. 흑룡강은 흑하(黑河)라고 불렸으며 몽골인들도 검은강이라고 했다. 러시아 사람들은 아무르(Амур)강이라고 부른다. 흑룡강은 몽골 동쪽에서 발원해 동쪽으로 흘러 만주와 시베리아 사이의 중·러 국경을 이루다가 동강 땅에서 송화강과 합류하고, 또다시 하바롭스크에서 우수리강과 합쳐진 후로는 북동쪽으로 방향을 바꿔 사할린섬의 북단 오호츠크해 태평양으로 흘러든다. 위에서 언급한 지역에 부여, 고구려, 발해의 활동 무대가 들어 있다.

17세기, 만주로 진격해 오는 제정 러시아군을 막기 위해 순치제 청나라는 조선 병력을 요청했다. 당시 조선에서는 러시아를 나선(羅禪)이라 불렀다. 그래서 그 출병을 나선정벌이라 한다. 그리고 17세기 후반 청나라 조정은 백두산, 두만강, 압록강 이북을 자신 만주족의 발상지라 하여 청나라·조선 어디 사람이건 접근을 못하게 하는 봉금(封禁) 지역으로 선포했다.

그 와중에 여러 이유로 남만주로 건너간 한반도 사람들이 많다. 일본과 한반도에서는 이 지역을 간도라고 불렀다. 간도의 어원에는 여러 설이 있다. 청나라가 봉금한 지역이 되면서 두만강 하중도(河中島)로 가는 척했다 해서 '간도(間島)', 조선인이 들어가서 개간했다 해서 '간도(墾島)', 한반도의 북동쪽 방향에 있다 해서 '간도(艮島)'라는 이야기들이다. 어쨌든 현대 중국에서는 간도라는 표현이 사용되는 것에 부정적이다.

앞서 말했듯, 자의 또는 타의에 의해 러시아 연해주와 사할린, 중국 간도로 건너간 한반도 사람들이 매우 많다. 그 후손은 고려인, 조선족이라는 이름이 되었다.

'록(Rock) 음악'은 중국어로 '요곤(摇滚)' 또는 '요곤 음악(摇滚乐, 요곤악)'이라고 한다. '요'는 요동친다, 흔들다는 뜻이고 '곤'은 굴린다는 뜻이다. 영어의 '록앤롤(로큰롤, Rock and Roll)'을 글자 그대로 중국어 단어로 번역한 것이다. 현대 서양 음악에서는 로큰롤과 록을 같은 뿌리에서 나온 다른 음악이라고 간주하는데, 중국에서는 '요곤'이라는 하나의 이름으로 통칭한다.

미국과 영국에서 발전했고, 얼핏 중국과는 전혀 어울릴 것 같지 않은 록 음악이 중국에서 본격적으로 등장한 것은 개혁개방이 이루어진 1978년을 지나 1980년대 중반의 일이었다. 1986년 발표된 곡 <일무소유(一无所有)>는 중국 최초의 록 음악은 아니지만 대중적으로 처음 중국 사람들에게 록 음악을 알린 작품으로 평가된다.

바로 이 작업을 한 사람이 조선족 최건(崔健)이다. 1961년에 태어난 최건은 현재까지도 중국 록 음악의 대부로 평가받는다. <너의 눈물이 내 마음을 아프게 해(你的眼泪是我的伤心)>, <헤어짐(分手)>, <나비(蝴蝶)> 등이 그의 대표곡이다.

공교롭게 러시아 록 음악의 대부도 한반도 혈통의 고려인이면서 최 씨인 '빅토르 최(Виктор Цой)'다. 중국과 러시아 두 나라의 록 음악 대부 두 사람은 태어난 해도 비슷하다. 중국의 최건보다 한 해 뒤인 1962년에 태어난 빅토르 최는 아버지가 고려인, 어머니는 우크라이나계다. 빅토르 최는 카자흐스탄에서 태어나 어릴 때 레닌그라드 즉 지금의 상트페테르부르크로 이사했다.

빅토르 최가 활약했던 1980년대 중후반, 러시아 젊은이들은 그에게 열광했고 공연에는 많은 숫자의 러시아 관객이 운집했다. 빅토르 최는 1990년에 갑작스레 자동차 사고로 사망했는데, 이것을 두고 계획된 살인이라는 의문이 제기되었다. 모스크바의 젊은이들이 모이는 아르바트 거리에는 빅토르 최의 추모벽이 있다.

우리 민족이 가무에 능해 현대에도 케이팝, 영화, 드라마 등 엔터테인먼트 비즈니스를 통해 글로벌 시장으로 나아갈 수 있었다는 가설이 성립하는 것일까. 우연치고는 참으로 공교롭지만 중국과 러시아 두 나라의 록 음악 대부는 모두 한반도 혈통의 조선족과 고려인이다.

해방 전까지 중국과 러시아 두 나라로 건너간 한반도 사람들은 대개 두 가지의 이유를 가지고 있었다. 첫째는 독립운동을 위해서, 둘째는 고단한 생활고에 시달려 새로운 삶의 터전을 찾아서이다.

러시아로 건너간 사람들은 사할린과 연해주에 살았다. 그러나 1937년 공산주의와 전체주의의 상징 스탈린은 유례가 드문 고려인 대이동을 명령했다. 주된 이유는 일본과의 전쟁이 예상되는 가운데 일본인과 구별이 어려운 고려인들이 첩자나 적군화할 수 있다는 염려였다. 또 변경 지방에 몰려 있는 고려인들의 숫자가 너무 커져서 독립을 요구하는 체제 불안 세력이 될 수 있다는 것이 두 번째 이유였다.

갑작스런 이주 명령으로 내몰린 고려인들은 화물열차에 실려 시베리아의 노보시비리스크까지 갔다가 중앙아시아의 카자흐스탄, 우즈베키스탄을 향해 남쪽으로, 그리고 나중에는 타지키스탄, 키르기스스탄으로 보내졌다. 일부는 북극에 가까운 무르만스크까지 가기도 했다. 많은 고려인들이 도중에 죽고, 최종적으로 기차에서 내린 사람은 17만여 명이라고 전해진다.

고려인들은 특유의 강인한 생활력으로 중앙아시아 지역에 벼농사를 지어 널리 뿌리내렸다. 한편 스탈린이 죽은 후에 흐루쇼프는 고려인들에게 이주의 선택을 주어 극동으로 돌아갈 수 있도록 했다. 그러나 이는 극동 지방의 고려인 공동체가 유명무실해진 뒤였다.

중국으로 건너간 한반도 사람들은 길림성과 흑룡강성 남쪽, 현재의 연변 조선족 자치주인 간도 지방에 많이 살았다. 한반도에서 바라보면 두만강, 압록강 건너편의 중국이지만 현대 중국의 시각에서 보면 길림성의 성도(省都)인 장춘(长春), 흑룡강성의 성도인 하얼빈(哈尔滨), 요녕성의 성도인 심양(沈阳) 등지에서 고속철도를 타고 남하해야 두만강, 백두산, 압록강을 만나게 된다.

그런데 하얼빈이나 장춘에서 간도 지방으로 가다 보면 왜 이곳에 중국 한족들이 들어와 살지 않았는지 대번에 알 수 있다. 평원이었다가 산지와 황무지로 바뀌는 곳에 간도가 나타난다. 예를 들어 '용정(龙井)시'가 간도에 있다. 윤태영 작사 가곡 <선구자>에 나오는 용두레 우물, 용주사, 용문교, 해란강, 일송정 등이 있는 용정시는 나라 잃은 민족이 황무지에 건설한 마을이고 독립운동의 본산이 되기도 했다.

연변(延边) 조선족 자치주의 중심 도시는 연길(延吉)이다. 연변자치주 도문(图们, 투먼)은 북한 남양시와 두만강을 두고 마주한다. 백두산을 내려가면 이도백하(二道白河), 백산(白山)시가 있다. 그리고 고구려 국내성이 있던 통화(通化)의 집안(集安)시는 북한 자성군의 압록강 너머인데 고구려 유적이 남아 있다.

연변 조선족 자치주의 조선족 인구 비율은 급격히 줄어서 소수민족 자치주의 구성요건에 문제가 될 정도가 되었다. 한국으로 이주한 경우도 많고, 젊은 층은 베이징, 상하이, 광주, 심천 등 대도시로 나아가 일하거나 한국 또는 한국 기업과 연관된 일에 종사하기도 한다.

중앙아시아나 극동, 그리고 모스크바의 고려인들도 한국 또는 한국 기업과 연관된 일에 종사하기도 한다. 고려인이 중국의 조선족과 다른 부분은 러시아 고려인 대부분은 한국어를 하지 못한다는 점이다.

중국과 러시아의 조선족과 고려인은 그 배경과 현재 상황은 다를지언정 역사적으로, 사회적으로 한반도의 디아스포라인 것은 분명하다. 그리고 제반 분야에 있어 한국과 연결되고, 서로 도움과 의지가 되는 관계가 건설적이고 바람직하다고 하겠다.

××××××××××××××××××××××××××××

소련과 중공을 함축하는 말 '원조元祖, 원조援助, 원조援朝'

××××××××××××××××××××××××××××

현대의 러시아와 중국은 매우 특수한 관계다. 그들은 사회주의를 같이한 역사를 공유한다. 지구상에 마르크스주의를 실제 국가체제로 최초로 구현했던 나라가 러시아다.

소련은 사회주의의 '원조(元祖)' 국가다. 영화나 예전의 스포츠 영상을 보면 소련 사람들이 가슴에 CCCP라고 새겨진 옷을 입고 있는데, 이것이 바로 러시아어로 '소비에트 사회주의 공화국 연방'이며 줄임말로 '소련'이다. 러시아혁명 이후 레닌의 볼셰비키가 유럽과 아시아에 걸친 세계 최대의 땅덩어리에 소련을 건국했다. 소련은 1922년 세워져 1991년 붕괴되기까지 존재했다.

CCCP중에서 첫 글자 C는 소유즈(Союз), 연방이라는 뜻이다. 1922년 소련이 탄생할 때 러시아를 비롯하여 우크라이나, 벨라루스 등이 연방을 구성했다. 두 번째 글자 C는 소비에트(Советски x)다. 프롤레타리아 독재의 권력 형태를 일컫는다. 세 번째 글자 C는 사회주의(Социалистических)다. 공상적 사회주의와 마르크스 공산주의를 일개 국가의 형태로 구현하고자 했다. 네 번째 글자 P는 레스푸블리까(Республик), 공화국이라는 뜻이다. 제정 러시아의 차르 체제는 무너졌고 소련은 공화국을 지향했다.

중국의 공산당(中共, 중공)은 1921년 상하이에서 창당했다. 이후 중국 대륙을 놓고 국민당의 중화민국과 수십 년을 겨뤘다. 그 사이 중국공산당은 중국 각지에 '소비에트'를 만들었다.

1945년 2월 흑해 연안의 크림반도 얄타에서 소련 스탈린은 루스벨트, 처칠과 회담을 가졌다. 독일 항복 후 소련이 일본과의 전쟁에 참여하면 러일전쟁 패전 후 잃은 극동 지방의 땅을 돌려받기로 했다. 소련은 1945년 이후 중국 땅 하얼빈, 심양, 대련, 장춘, 만주리에 소련 홍군의 대일전쟁 승전 기념탑을 세웠다. 탑에는 러시아어로 '소비에트 사회주의 공화국 연방의 자유와 독립을 위해 전쟁터에서 전사한 영웅들에게 영원한 영예를', 그 밑에는 중국어로 '중국의 자유와 독립을 위해 동북 지방 해방전쟁 작전 중 희생된 소련군 영웅들은 영원히 전하고 불후하리라(为中国的自由与独立, 在解放东北作战中牺牲的苏军英雄们永垂不朽)'고 쓰여 있다.

1949년에 중국공산당은 국민당과의 싸움을 승리로 마무리하며 10월 1일 중화인민공화국을 건국했다. 마오쩌둥(毛澤東)과 저우언라이(周恩來)는 바로 모스크바를 방문하여 스탈린을 만났다. 스탈린의 소련은 사회주의 국가 중공을 지원하기로 약속했다. 소련은 세계에서 가장 먼저 중화인민공화국을 국가로 승인하고 10

월 2일 국교를 맺었다. 참고로 북한은 1949년 10월 6일 중화인민공화국과 국교를 맺었다.

소련은 중화인민공화국을 '원조(援助)'했다. 1950년 2월, 마오쩌둥과 스탈린은 '중소 우호동맹 상호원조 조약(中苏友好同盟互助条约)'을 체결했다. 명목은 '상호원조'이지만 사실상 소련이 공산주의 중국을 일방적으로 지원해 주는 내용이었다. 이미 패전한 일본에 대해 앞으로도 소련과 중국이 공동으로 경계하자는 내용도 들어 있었다. 또 세계 평화를 같이 보위하자며 정치·군사 동맹을 맺고, 소련이 중국에게 경제원조를 제공한다고 되어 있었다.

사회주의 중국이 국가로 자리 잡도록 소련이 원조하는 것은 150여 개 항목으로 구체화되었는데, 석탄, 전력, 철강, 금속, 화공, 기계, 군수 분야 등에 걸쳐 있었다. 관련된 개발의 대부분이 중국의 동북 3성 지역 그러니까 흑룡강성, 길림성, 요녕성에 집중되었다. 동북 3성은 세월이 흐르며 다른 지역에 비해 쇠락하고 말았지만, 소련이 중국을 원조하던 시절에는 중화학공업을 기반으로 다른 지역에 비해 앞섰다.

1955년 중화인민공화국은 중국의 대중들에게 소련을 알리는 전람회를 열기 위해 상하이에 '중소 우호 빌딩(中苏友好大厦)'을 완공했다. 소련의 '원조(援助)'를 상징하는 이 건물은 사회주의적 고전주의 건축 양식으로 소련의 기술자들이 건설에 참여했다. 나중에 '상하이 전람 중심(上海展览中心)'으로 바뀌었다.

소련의 원조에 힘입어 중국은 1953년부터 제1차 5년 계획을 시작했다. 저우언라이가 주도한 이 계획은 '중국의 공업화를 앞당

기고 농업을 현대화하며 민생을 보장하기 위한 사회주의적 계획 경제'를 지향했다. 5년간의 1차 계획은 어느 정도 성공을 거두었다. 문제는 1958년부터 시작된 제2차 5년 계획이었다. 1차 5년 계획의 성공에 고무된 마오쩌둥은 자신이 직접 2차 5년 계획의 주도권을 틀어쥐었고, 이것을 자신이 구상한 '대약진 운동'과 결부시켜 중국을 경제 근대화로 이끈다고 했다. 그러나 이는 실패했다.

한편 소련과 중국은 북한을 '원조(援朝)'했다. 1950년 한국전쟁 당시의 이야기다. 이때의 '원조'는 미국에 대항하고(抗美, 항미), '조선을 돕는다(援朝, 원조)'는 의미다. 그래서 중국에서는 6·25 한국전쟁이 '항미원조 전쟁'이다. 항미원조 '운동'이라고 하기도 한다. 미국의 침략적 전쟁에 중국의 인민대중이 자발적으로 나서 싸웠고 조선이 미국을 격퇴하도록 지원(支援)하는 전 인민의 '운동'이었다는 취지다. 소련은 한국전쟁 당시 북한에 무기를 제공했고, 중국에는 미그 전투기 등을 내주었다. 또 중국은 소련의 기술을 차용하여 탱크와 대포를 만들어 내기 시작했다.

우리나라에서는 한국전쟁에 '중공 인민군'이 참전했다고들 한다. 그런데 중국에서는 '인민 지원군'이 참전했다고 이야기한다. 여기서의 지원(志愿)은 '자원입대했다'는 의미를 담고 있다. 중국 측 발표에 의하면 자원입대한 240만 명은 중국 인민해방군 동북변방군의 일부로 편성되어 1950년 10월 하순에 한반도로 들어갔다. 이 전쟁에 마오쩌둥의 맏아들 마오안잉(毛岸英)도 참전해 전사했다. 마오안잉의 묘는 북한에 있다.

중국은 지금도 10월 25일을 '항미원조 기념일'로 새긴다.

1950년 10월 19일에 한반도에 들어간 '인민 지원군'이 10월 25일에 국군과 조우하여 '초전의 대승'을 거두었다는 날을 기념하는 것이다. 마오쩌둥은 축전을 보내 승전을 치하했다고 한다. 여기에 더해 미국과 한국에 의해 중국의 안전이 위협받는 상황에서 인민 지원군이 중국을 지켰다는 의미를 부여한다. 신의주의 압록강 너머 요녕성 단동시에는 항미원조 기념관이 있다. 항미(抗美) '원조(援朝)' 보가위국(保家卫国, 가정을 보호하고 국가를 지킨다)이라고 쓰여 있다.

기나긴 국경선의 두 나라, 갈등과 협력

소련과 중국 사이에 협력만 있었던 것은 아니다. 1953년 스탈린 사망 후 흐루쇼프 서기장은 중국에 대한 계속적 지원을 약속했다. 한편으로 흐루쇼프는 스탈린 격하에 나섰다. 스탈린의 문제는 개인숭배와 철권통치라고 했다. 마오쩌둥은 소련의 이러한 움직임을 공산주의에 대한 심각한 수정주의라고 비판했다. 1950년대 말부터 중국-소련 관계는 긴장 상태로 치닫는다. 중국의 무기 개발 관련 갈등도 있었다. 소련은 마오쩌둥의 중국에 대한 지원을 중단했다. 중국에 가 있던 소련의 기술자들도 철수했다.

소련은 1962년 중국과 인도의 국경 충돌이 일어나자 인도의 편을 들고 인도를 지원했다. 심지어 중국과 소련 사이에 국경 분쟁으로 국지적 군사 충돌까지 있었다. 소련과 중화인민공화국이 맺었던 '중소 우호동맹 상호원조 조약'은 유명무실해졌고, 1980년

폐기되었다.

1960년대 중국공산당 주도의 '대약진운동'이 실패로 돌아간 원인 중의 하나는 소련의 원조 중단이었다. 마오쩌둥의 대약진운동은 실패했다. 소련의 원조 중단과 함께 대약진운동 자체가 갖고 있는 마오쩌둥식 급진 좌경적 돌진 방식이 실패의 원인이었다. 농업의 경우 노동력을 무모하게 운용한 결과 대대적인 수확 감소가 일어났고 대기근을 불러왔다. 마오쩌둥은 비판을 받았다. 대신해서 덩샤오핑(鄧小平)과 류사오치(劉少奇)가 등판해 경제가 살아났는데, 마오쩌둥은 다시 이들을 숙청하기 위해 '문화대혁명'이라는 극좌 권력투쟁을 일으켰다. 마오쩌둥은 나이 어린 홍위병들을 동원했다.

긴 국경선의 두 나라 사이에 갈등이 없을 수 없다. 제정 차르 러시아가 청나라에게 불평등 조약을 힘으로 강요하여 중국 서북 지방 일대의 국경까지 임의로 정했다고 하는 것이 중국의 주장이다. 중국으로서는 동북의 연해주도 불평등 조약으로 빼앗긴 것이다. 서북 지방 그리고 동북 연해주의 국경 문제는 잠복해 있다가 구소련 시기, 1969년 소련과 중화인민공화국의 사이가 극도로 나빠졌을 때 다시 분출했다. 이때는 마오쩌둥이 소련을 수정주의로 비판하면서 공산주의의 종주국으로 인정하지 않았고, 국내에서 권력투쟁을 극심하게 전개하던 시기였다.

마오쩌둥은 연해주와 중국 서북 지방에서 중·소 경계 병력 간의 작은 충돌을 자신의 권력 강화로 활용하기 위해 소련에 강력하게 대항하는 모습을 보이고자 했다. 그러나 의외로 강경하게 반응

한 소련은 쉽게 물러서 주지 않았다. 소련은 중국에 비해 월등한 군사력을 갖고 있었다. 당시 소련은 중·소 사회주의 국가 간에 핵전쟁 불사까지 고려했다고 전한다. 이 중·소 국경 분쟁으로 중국은 소련의 호된 맛을 보았고 반사적으로 미국에 접근하게 되었다. 미국과 중국 간 상호방문, 스포츠외교와 유화 국면이 조성되었고 종내 1979년 미국과 중국은 수교하였다. 한편 현재 중국 위구르 자치구와 구소련 카자흐스탄, 또 위구르 자치구와 구소련 타지키스탄 사이의 땅 문제는 수면 아래에 있다.

현대 중국의 동북 지방과 러시아는 긴 국경을 맞대고 있다. 소련은 동북 지방 만주리에 있는 중·러 양국의 국경 철길로 한국전쟁 시기 군수품을 중국으로 보급했고, 중화인민공화국 초기에 원조 물품을 수송했다. 또 중국 서북쪽은 구소련의 카자흐스탄, 키르기스스탄, 타지키스탄 등과 국경을 함께 이룬다. 러시아와 중국 사이의 국경은 4,000km가 넘는다. 그리고 구소련 나라들과 중국 사이의 국경선도 길다. 구소련 카자흐스탄과 중국 간의 국경선은 대략 1,700km며 구소련 키르기스스탄과 중국 사이의 국경선은 대략 1,000km다. 구소련 타지키스탄과 중국 간의 국경선은 대략 500km, 소련의 위성국가였고 러시아와 특별한 관계인 몽골과 중국 사이의 국경선은 4,700km다.

현대의 중국과 러시아는 경제적으로 사회주의 요소를 대부분 버리고 시장경제를 채택했다. 그리고 두 나라는 사회주의 구체제 주도 세력들이 시장경제의 출발선상에서 유리한 자원을 선점한 공통점을 지니고 있다.

1989년 고르바초프 서기장이 중국을 방문하면서 관계가 회복되기 시작했다. 그리고 국경을 맞대고 있는 중국과 러시아는 상호 경제 협력을 다짐했다. 두 나라의 도시가 국경을 마주하여 협력지역으로 삼았던 곳은 다음과 같다. 중국의 만주리와 러시아의 자바이칼스크, 중국의 수분하(绥芬河)와 러시아의 포그라니츄뉘(Пограничный), 중국의 흑하와 러시아의 블라고베쉔스크(Благовещенск), 중국의 계서(鸡西)와 러시아의 달녜레첸스크(Дальнереченск), 중국의 가목사(佳木斯)와 러시아의 하바롭스크, 그리고 중국의 혼춘(浑春) 국제협력시범구와 이에 조응하는 러시아 극동개발부 및 하산(Хасан), 블라디보스토크다. 특히 혼춘과 하산은 북한의 나진-선봉과 삼각 협력 구도로 되었고, 한국의 일부 기업도 참여했다.

러시아와 중국의 관계는 각별하다. 중국의 시진핑 주석은 2013년 첫 해외 방문 국가로 러시아를 선택했다. 2013년 전인대에서 국가주석 겸 국가중앙군사위원회 주석에 오른 지 일주일여 뒤다. 러시아 방문에 바로 이어서 탄자니아, 남아공, 콩고민주공화국을 방문했다.

아프리카를 주석직 첫 순방지역에 포함한 것은 그만한 이유가 있다. 중국이 오랫동안 아프리카에 공을 들여왔기 때문이다. 중국은 아프리카의 공업화, 현대화, 사회기반시설, 위생, 안전 등 개발 도상 국가 간의 소위 남-남 협력을 대폭 지원하고, 국제사회에서 아프리카 대륙의 지지를 끌어냈다.

그런데 그러한 첫 순방지들 가운데에서도 첫 번째 나라인 러시아는 더 큰 의미가 있다. 그것은 바로 러시아와 중국이 공유해 왔던 이념, 정치, 군사적 역사와 미국 및 서방의 상대적 대척점에서 형성되는 동맹의 이익이다. 시진핑은 이후에도 수차례 러시아를 방문했고, 푸틴도 수차례 중국을 방문한 것을 포함하여 2010년대 이후 중국과 러시아의 관계는 상대적으로 견고했다.

중국은 주석직 최대 한 번 연임 즉 최대 10년 재임이라는 제한을 없앴다. 러시아의 푸틴 대통령은 제도와 공명선거에 대한 논란을 뒤로하고 대통령과 실권 총리를 합쳐 수십 년의 권좌에 앉았다. 권위주의적이고도 전체주의적이다. 21세기의 황제와 차르라는 이야기가 나왔다.

××××××××××××××××××××××××××

고려인은 '몽둥이', 일본인은 '귀신같은 놈'

××××××××××××××××××××××××××

인접해 있는 나라의 사람들 사이가 선린 우호 관계일 수도 있겠지만, 역사적으로 싸우고 전쟁하고 적대적 의식이 쌓이는 경우도 많다. 한국인에게는 일본인을 경멸하여 부를 때 쓰는 단어가 있고, 중국인을 비하하여 부를 때 사용하는 말들도 있어 국민 관념의 일부를 가늠해 볼 수 있다.

중국 사람들이 한국인을 낮춰 부를 때 사용하는 말은 '봉자(棒子)'다. '몽둥이'라는 뜻이다. 이 말이 생긴 이유에 대해서는 여러 가지 설들이 있다. 그중 한 가지는 다음과 같은 이야기다. '일본 제국주의 시절 만주 일대에는 한국의 독립운동가들도 있었지만 일본 경찰의 앞잡이 노릇을 하는 한국인들도 있었다고 한다. 일본 경찰은 이들에게 소소한 권력을 주고 치안 일을 보게 했다. 그러나 크게 신임하지는 않았기에 총칼은 주지 않고 몽둥이만 지급했다. 이들은 완장을 차고 중국인들도 괴롭혔다. 이후로 중국인들은 한국인을 봉자 또는 고려봉자라고 불렀다'는 것이다. 그러나 고려봉자라는 말은 청나라 이전 자료에도 등장하고 있다 하니 단순히 위의 이야기가 고려봉자의 연원이라고 하기는 어렵겠다.

중국인들이 일본인을 경멸하는 호칭은 '귀자(鬼子)'다. '귀신 같은 놈'이라는 의미다. 원래 귀자라는 말은 중국인들이 외국인을 일반적으로 낮춰 부르는 말이었다. 그러다가 일본 제국주의의 중국 침략 이후 귀자라는 말은 일본인에 대한 비칭으로 굳어졌다. 그래서 현대에 서양인을 비하하는 단어는 귀자와 구별해서 '양(洋)귀자'다. 참고로 중일 관계에서 거꾸로 일본인이 중국인을 낮춰 부르는 호칭은 '지나(支那)인' 등이 있다.

중국인과 러시아인의 서로에 대한 의식과 관념은 어떤가. 중국과 러시아는 오랜 기간 인접해서 살아왔기에 여러 모습의 조우, 충돌 그리고 분쟁이 있었다. 중국인들 특히 러시아와 접경이 긴 흑룡강성, 길림성 지역에서 많이 쓰는 말에 '모자(毛子)'가 있다. '털복숭이'라는 뜻이다. 수염과 체모가 많은 러시아인에 적대적인 의식으로 중국인이 부르는 말이다. '노(老)모자'라고 하기도 한다. 중국에서 일반적으로 서양인을 통칭하는 단어 '노외(老外)'의 연장선상이다.

'모자'는 중국인들에게 포악하고 야만적인 침략자로 회자되었고 중·러 접경지역에서 혼혈로 태어난 이들은 수난을 겪었다. 러시아인과 중국인의 혼혈은 '이모자(二毛子)'로, 러시아인의 피가 4분의 1로 섞였을 경우에는 '삼모자(三毛子)'로 차별받았다.

그런데 중국인은 러시아인을 '전투민족(战斗民族)'으로 부르기도 한다. 여기서 '전투민족'은 '포악하고 야만적인 침략자 러시아인'을 표현함과 동시에, '용감하고 강인한 생활자 러시아인'을 묘사하는 중국인의 상반된 관념을 담고 있다.

일반적으로 중국인의 러시아, 러시아인에 대한 호감도는 좋은 편이다. 이러한 호감도는 장년층일수록 더 높다. 연원은 소련과 중공 시절까지 올라간다. 같은 사회주의 나라의 원조(元祖)이자, 중공 건국 초기에 국가적인 원조(援助)를 해 주었던 소련이었기 때문이다. 또 기나긴 냉전의 시기에는 서방의 이데올로기적 대척점에서 동맹 관계를 형성했던 두 나라다.

이런저런 까닭으로 장노년층의 기저에 반미 감정이 존재한다. 젊은 층도 윗세대의 영향을 알게 모르게 받았고, 국가주의 교육 탓에 반미 정서가 잠복해 있다. 젊은 세대의 입에서 또는 인터넷 상에서 어렵지 않게 '미제(美帝)'라는 표현을 목격할 수 있다. '미제국주의'를 뜻하는 말이다. 중국 중앙 티브이를 비롯한 주류 언론도 미국에 대해 우호적이지 않다. 미국의 총기사고, 테러나 허리케인, 화재 등 재해가 발생하면 상세히 보도한다.

중국의 개혁개방 이전까지, 중국인들은 소련에 유학을 가고, 러시아어를 배우고, 러시아 음악을 듣고, 러시아 문학을 접하는 것이 자연스러웠다. 톨스토이(중국 발음으로 퉈얼스타이), 푸시킨(푸시진), 고리키(가오얼지) 등은 중국인들에게 친숙한 러시아의 문호였다.

러시아에서 '조국 수호 전쟁'이라고 일컬어지는 제2차 세계대전 당시의 노래인 <소로(小路, Дороженька)> 같은 경우는 한국인들도 잘 아는 덩리쥔(邓丽君)을 비롯해 8명의 중국 가수가 번안해서 불렀을 만큼 중국에서 대중적이었다. 중국인들이 좋아하는 외국 노래 순위에 <모스크바 교외의 저녁(莫斯科郊外的晚上, Подмосковные Вечера)>이라든지 러시아 민요인 <트로이카(三套车, Тройка)> 등이 올랐다. 차이콥스키(중국 발음으로 차이커푸스지)도 인기가 있었는데 <슬라브 행진곡(斯拉夫进行曲, Славянский марш)>처럼 장엄하면서 결의를 북돋우는 곡이 중국인들에게 익숙했다.

중국인들과 러시아인들은 얼핏 동양과 서양으로 매우 이질적일 것 같지만 의외로 비슷한 의식을 나누고 있기도 하다. 중국인이나 러시아인이 어떤 특정 상황에서 발언하는 것을 보면 말을 주저 없이 잘한다는 인상을 받는다. 어릴 때부터 단위 조직의 집단 행사 경험이 많고, 단위별로 학습, 비판, 토론을 자주 해 본 모습이 엿보인다.

중국인들과 러시아인들은 '미안하다', '잘못했다'라는 말은 여간해서 하지 않는 편이다. 중국어로 '미안하다'는 '대불기(对不起)'다. 직역하면 '마주해서 설 수 없다', 의역하면 '모두 내 잘못이다'의 의미다. 중국 사람들은 수천 년간 왕정의 교체와 황제의 압정하에서 걸핏하면 생명의 위기로 내몰렸다. 근현대로 와서도 인민들의 자기 잘못 인정과 자아비판의 후과(后果)는 곧 죽음이었다. 중국인들은 아주 잘못한 일이 있어도 '불호의사(不好意思)'라고 말하는 경우가 많다. '마음이 좋지 않아' 정도의 표현이다. 불호의사에 '겸연쩍이'의 뜻도 있다. 러시아도 비슷하다. 중국 황제 못지않은 전제정치인 차르의 권위에 순종해 온 러시아 사람들로부터도 '미안하다(Извините, 이즈비니쩨)'는 어지간해선 듣기 어렵다.

중국에서 성과를 내려면 꽌시가 있어야 한다는 말은 잘 알려져 있다. 꽌시는 관계(关系), 즉 사람과 사람 간의 '인제(人际) 관계'로 만사를 풀어내는 것을 뜻한다. 제도, 규정, 절차보다 꽌시가 앞설 수 있다. 러시아의 상황도 만만치 않다. 러시아어 '블라트(Блат)'는 '안면, 비호' 정도로 번역할 수 있다. 특히 인허가 등 관공서와 일을 할 때 제도, 규정, 절차는 뒷전이고 안면, 연고, 뇌물 등이 통하는 경우가 제법 있어서 외국인을 적응하기 어렵게 만든다.

특정 국가 사람들에게는 역사적, 문화적으로 공유하는 관념과 의식이 존재한다. 물론 중국과 러시아 보통 사람의 의식을 일반화하기는 어렵다. 그래도 중국과 러시아는 상호 영향이 많았다는 점에 큰 이의가 없다. 또 공통적으로, 중국은 70년대 말부터 시장경제화되었고 러시아는 공식적으로 사회주의를 포기한 나라다. 환경에 영향받은 의식은 아직도 사람들 저변에 잠재하며 그것은 심지어 젊은이들에게서 나타나기도 한다.

××××××××××××××××××××××××

러시아, 중국과 붙어 있는 한반도

××××××××××××××××××××××××

러시아와 중국은 정치 군사적으로, 분단된 남북한을 둘러싼 4강의 일원으로, 6자회담의 당사국으로 자리를 차지했다. 조선의 끝 무렵부터 20세기 초까지는 제각기 한반도를 자기 집 안마당처럼 여기며 한반도의 지배권을 두고 청일전쟁, 러일전쟁 등을 벌여 다투었다.

'아관파천'은 많이 들어 보았을 것이다. 고종은 명성황후 시해와 일본의 위협, 친일파 내각의 득세를 피해 러시아 공사관에서 1896년부터 1897년까지 일 년여를 피신해 있게 된다. 이때 '러시아 공사관'이 '아관(俄館)'이고, '임금이 궁궐을 떠나 피신해 있는 상황'을 '파천(播遷)'이라고 하는 것이다. 러시아는 이 일을 계기로 조선의 삼림 벌채권, 광산 채굴권, 철도, 전신 등의 이권을 가져갔다.

그런데 왜 '아관'이 러시아 공사관인가. 당시 조선에서는 러시아를 '아라사'라고 불렀기 때문이다. 중국어로 러시아는 아라사(俄罗斯)다. 중국에서 지금도 러시아는 아라사다. 한국에서 가끔 러시아 국명을 대신해 부르고 있는 한자식 이름 로서아(露西亚)는 일본 에도시대 때 만들어진 일본식 한자이다.

참고로, 중국과 일본이 외국 국명을 부르는 한자 이름은 같은 경우도 있지만 다른 경우도 많다. 독일(独逸)은 일본식 한자 호칭이고, 중국에서는 덕국(德国, 더궈)이다. 불란서(佛兰西)는 일본식 한자 호칭이고 중국에서는 법국(法国, 파궈)이다. 중국에서 러시아는 아라사(俄罗斯, 어뤄스) 또는 아국(俄国, 어궈)이다.

한반도는 중국, 러시아, 일본에 둘러싸여 있다. 한반도는 정치, 군사적으로 쉼 없이 요동친다. 변화가 많다. 역사의 반복도 있다. 변화의 방향이 어디가 될지 알기 쉽지 않다. 그나마 부지런하고 활발한 한국인의 DNA와 교육열이 밑바탕이 되어 경제, 문화적으로 국제사회에서 목소리를 낼 정도가 된 것이 다행이다. 이런 한국에게 중국과 러시아, 러시아와 중국은 정치 군사적으로나 경제 문화적으로나 매우 중요한 상대방이자 인접 국가다.

한국은 냉전 시기 소련 그리고 중공과 교역을 포함한 그 어떤 교류도 대놓고 할 수가 없었다. 각각 철의 장막, 죽의 장막 건너편에 있던 두 나라와 한국은 1990년 한러수교, 1992년 한중수교를 함으로써 비로소 상대방을 '시장과 소비자'로도 인식하게 되었다. 더불어 동북아의 군사적 긴장과 그 완화를 담보로 '육로 연결 경

1909년 10월 만주의 하얼빈에서 안중근 의사는 이토 히로부미를 사살했다. 안 의사는 1910년 3월 교수형을 당하기 전까지 만주 남서쪽 여순 감옥에서 명필 유묵을 다수 남겼다. 위 사진은 하얼빈 공원에 만들어 놓은 안 의사 유묵 조각이다. '연지(硯池)'는 이백의 시에 등장하는 말로 '큰 강물(三湘)을 벼루로 삼는다'는 기개를 상징한다.

제권 활성화'는 늘 정치 협상의 단골 주제가 되었다.

러시아의 시베리아 횡단철도에서는 한국 라면을 먹는 러시아 사람들이 많다. 러시아는 한국이 육로 철도로 러시아를 통과하면 유라시아 대륙에 땅으로 연결된 일원이 된다고 꽤 오래전부터 제안했다. 한편 중국 시장에 한국 기업이 대거 진출하고, 한중 양국이 문화, 교육 등 다양한 분야에서 막대한 교류를 하게 되었다. 한반도와 러시아, 중국이 만나는 세 모퉁이의 도시 혼춘에 가면 한

혼춘 국제버스터미널에는 혼춘국제버스부, 浑春国际客运站, АВТОВОКЗАЛ ХУНЬЧНЬ 등 세 개 언어의 간판이 붙어 있다.

국어, 러시아어, 중국어가 모두 통하고 세 가지 언어의 간판을 볼 수 있다.

중국과 러시아의 관계는 아직도 각별하다. 역사, 군사, 정치, 경제, 문화, 사회적으로 깊이 엮여 있다. 한국 전쟁 이후 한국에서는 미국과 일본에 대한 관심과 교류와 비교하여 상대적으로 러시아와 중국에 대한 관심과 교류는 적을 수밖에 없었다. 수교 후 우리는 시장경제를 운위하는 중국, 러시아와 교역하며 상호 이익을 추구해 왔다. 시장이 협소한 한국으로서는 지리적으로도 붙어 있고 소비자의 규모도 큰 두 나라와의 경제적 거래에 나서지 않을 이유가 없었다.

또한 현대의 디지털 경제와 글로벌 교역이라는 두 가지 테마는 우리 젊은이들이 중국, 러시아 시장을 포함한 세계로 활동 범위를 넓힐 동인이 되어 왔다. 글로벌 공급망과 가치사슬의 구도가 변화하고 있다. 그러나 지정학, 지경학적 상황을 감안하면 한국의 입장은 간단치 않다.

××××××××××××××××××××××××

레닌, 마오쩌둥, 김일성, 호찌민의 시신에 방부제를 바르다

××××××××××××××××××××××××

소련공산당은 세계 최초로 사회주의 국가를 구현하면서 '상징'과 '이미지'를 많이 만들어냈다. 그리고 뒤를 이어 등장한 중국과 북한 등 대다수의 사회주의권 국가들은 소련이 본을 보인 '상징'과 '이미지'들을 따랐다. 사회주의권 국가들의 상징과 이미지 중 대표적인 것이 '지도자'다. 소련의 경우, 건국의 '국부' 레닌 얼굴 도안이 각종 휘장과 간행물 등에 도배되었다.

레닌 사후, 뒤를 이은 스탈린은 레닌을 '상징'으로 숭배하도록 하는 것이 자신에게도 유리하다고 판단했다. 레닌의 시신은 방부 처리되어 붉은 광장 서쪽에 안치되었다. 시신을 볼 수 있는 기념 건물은 붉은색과 검은색 화강석으로 지었다. 건물의 반은 지상에, 건물의 반은 지하로 만들었다. 건물 내부에도 검은색 화강석을 사용했다.

양복을 입은 레닌 시신은 1920년대 이래 밀폐된 유리관에 누워 많은 국내외 참배객들과 관광객들을 불러 모았다. 그런데 이 시신 방부처리 효과가 오래 가는 것이 아니라서 매년 적지 않은 비용을 들여 관리해야 한다. 소련의 방부처리 기법은 정부 기밀로 분류되었다. 소련 시절 이 역할을 담당하던 조직은 정부 산하 '레닌묘 실험실'이었다. 구소련 해체 후에는 '전 러시아 약용식물 과학생산 연합체 생물조직 의학 연구센터'라는 다소 장황한 이름으로 바뀌었다.

레닌의 흉상과 입상도 전국에 깔렸다. '레닌이 살았고, 레닌은 살아 있고, 레닌은 계속 살 것이다(Ленин жил, Ленин жив, Ленин будет жить)!' 문구는 소련 곳곳에 남았다. 스탈린도 사후 같은 기념 건물에 방부 처리되어 들어갔다. 그러나 스탈린의 뒤를 이은 흐루쇼프는 스탈린 격하 운동에 나섰고, 스탈린 시신은 나중에 화장되었다.

중화인민공화국 건국의 국부 마오쩌둥이 사망한 1976년, 덩샤오핑을 비롯한 중국 지도자들은 마오쩌둥의 시신 처리를 놓고 소련의 방식과 같이 보존할 것인지를 숙의했다. 마오쩌둥 집권 당시의 문화혁명 등을 '오류'로 공식 선언한 탓이다. 그러나 소련과 마찬가지로 '상징'화하여 숭배하도록 강조하는 것이 중국공산당에 유리하다고 보았다.

1977년 9월 9일 중국 베이징 천안문 광장의 인민영웅 기념비 남쪽에 '마오쩌둥 주석 기념당(毛主席纪念堂)'을 완공했다. 바깥에는 복건성에서 가져온 44개의 화강석 기둥을 세웠다. 건물 기초는 사천성의 대추색 화강석으로, 건물 벽은 산동성의 화강석으로 했다. 기념당 안으로 들어가면 중앙에 마오쩌둥의 좌상이 있고 그 뒤는 중국의 대지를 자수로 장식했다.

그리고 마오쩌둥 시신을 방부 처리하여 기념관 가운데 수정관에 안치했다. 마오쩌둥의 수정관은 수정, 유리와 석영가루를 섞어 특수 제작한 것이라 했다. 마오쩌둥 시신은 중산장(中山装) 옷을 입고 있고 중국공산당 깃발을 덮었다. 원래 중산장이라는 복식은 중화민국의 쑨원(孙中山)이 즐겨 입어 생긴 이름인데, 마오쩌둥이 약간 바꾼 옷은 '모식(毛式) 중산장'이라 한다. 수정관 하단은 태산에서 가져온 검은색 화강석으로 만들었다. 그리고 수정관이 있는 방을 '우러르고 또 우러르는(瞻仰, 첨앙) 방(厅, 청)'이라 이름 지었다. 첨앙청에 '위대한 영수이자 스승이신 마오쩌둥 주석은 영원히 후세에 전하고 썩지 않는다(永垂不朽)'고 쓰여 있다.

마오쩌둥의 초대형 얼굴 그림은 천안문 광장 자금성(紫禁城) 정면에 걸려 있다. 중국 전역에 마오쩌둥의 흉상, 좌상, 입상이 있고 마오쩌둥의 글씨인 모체(毛体)는 현판, 제호, 휘장, 비문 등 휘호로 도처에서 볼 수 있다. 중국인들 집에 가면 중국인들이 재물신으로 중요하게 모시고 분향하는 관우와 함께 마오쩌둥의 얼굴이 있는 집이 많다. 인민들에게 마오쩌둥은 명실상부 민간 신앙 대상의 반열로 모셔진다.

중국인들은 집의 내부 한가운데(중당)에 '복록 장수(福禄寿, 복록수)', '액막이(忌讳, 기휘)' 등을 기원하는 그림(中堂画, 중당화)을 걸거나, 제대를 마련하여 빈다. 여기에 마오쩌둥이 중당화의 대상이 되어 그림으로 들어가는 경우도 있다. 이런 경우 마오쩌둥 그림 옆으로 '행복한 집(幸福之家)', '남으로 가면 상서로운 빛, 북으로 가면 재물(南进祥光北进财)', '동으로부터 상서로운 기운이, 서로부터 복이 온다(东来紫气西来福)' 같은 말이 적혀 있다. 과거 중화인민공화국은 마오쩌둥 얼굴 외에도 소수민족, 노동자, 농민 등을 지폐 도안으로 사용했다. 그런데 언제부터인지 중국공산당은 모든 지폐의 도안을 마오쩌둥으로 바꿨다.

북한의 김일성은 1994년 사망했다. 세계 최고 수준의 시체 방부 기술자인 러시아 사람들이 김일성의 시신을 처리했다. 시신이 있는 건물은 김일성의 주석 관저였던 '금수산 태양궁전'이다. 건물 내부 중앙에 대형 초상과 입상을 세웠다. 김일성의 시신은 레닌, 마오쩌둥, 그리고 베트남 민주공화국 초대 주석 호찌민과 마찬가지로 수정관으로 들어갔다. 김일성 시신은 조선노동당 깃발을 덮고 있다. 김정일은 1997년 건물 외벽을 새로 단장하면서 러시아, 중국과 같이 화강석을 사용했다. 2011년 김정일 역시 사후 방부 처리되어 같은 건물에 안치되었다.

물론 '상징'과 '이미지'를 만들어 내서 정치의 수단으로 활용하는 것이 비단 사회주의 국가만의 전유물은 아니다. 그렇지만 사회주의 국가들은 '상징'과 '이미지'를 더 특별하게, 더 많이, 더 자주 이용했다. '국부'의 시신을 방부 처리하여 전시하는 특별한 방법을 적용한 소련의 전례를 중국, 베트남, 북한이 따랐다. 상징과 이미지로 국민의 이성과 감성을 '정치화'하면 심리적 효과가 높고 커뮤니케이션 효율이 배가되기 때문이다.

××××××××××××××××××××××××

붉은 것은 아름다운 것이다

××××××××××××××××××××××××

세계 최초로 사회주의를 국가로 구현하면서 소련공산당은 '상징'과 '이미지'를 많이 만들어냈다. 그리고 이어서 등장한 중국과 북한 등 대다수의 사회주의권 국가들은 소련이 본을 보인 상징과 이미지들을 따랐다.

소련공산당의 상징색은 '붉은색'이다. 소련공산당의 뿌리는 러시아 사회민주노동당의 볼셰비키 혁명세력이다. 볼셰비키는 붉은색을 그들의 상징색으로 사용했다. 볼셰비키 혁명세력은 자신들의 군대 이름을 '붉은 군대(Красная Армия)'라 했다. 그 반대에 제정 러시아의 편과 반볼셰비키인 백군(Белая Армия)이 있었다. 러시아 적백내전은 볼셰비키가 소련을 공식 건국할 때까지 계속 이어졌다. 당시 패주하던 러시아 백군의 일부가 중국 국경을 건너가 중국에 정착했다는 사실을 아는 사람은 드물다. 적군은 1946

년 그 이름을 소비에트군으로 바꾸기 전까지 붉은 군대라는 이름을 사용했다.

한편 중국공산당의 '붉은 군대(红军, 홍군)'는 중국국민당의 국군과 오랜 내전을 벌였다. 홍군은 중화인민공화국 건국 즈음에 인민해방군으로 이름을 바꾸었으나 중국공산당은 이후로도 사회주의 혁명정신을 '홍색(红色) 정신'이라 이름 짓고 인민들에게 고취하고자 했다.

세계적으로 '붉은 깃발'은 전투태세, 산불, 위험과 경고 등의 의미로 쓰여 왔다. 그런데 소련공산당, 소련을 비롯한 많은 사회주의권 국가들은 붉은 깃발을 사용했다. 붉은 깃발 하나로 사회주의, 공산주의, 공산당을 상징할 수 있다. 소련 시절 국기, 당기, 군기 모두 붉은 깃발이었고, 구소련 해체 후 러시아의 푸틴도 붉은 깃발을 러시아군이 다시 사용하도록 했다. 역시 중화인민공화국의 국기, 당기, 군기도 붉은색이다.

다른 나라들로 눈을 돌려보면 영국, 호주, 뉴질랜드 등 영연방의 노동당과 독일 등 유럽의 사민당도 붉은색을 쓴다. 그러나 미국의 공화당과 몇몇 나라 보수정당 상징색이 붉은색이니, 세계적으로 붉은색이 좌파를 대표한다고 단정할 수 없다.

사회주의, 공산주의적 해석과는 관계가 없지만, 러시아에서는 공교롭게 정서적으로도 붉은색에 대한 선호가 존재했다. 러시아어로 '붉은(Красный, 크라스늬)'과 '아름다운(Красивый, 크라시븨)'이라는 말의 어원이 같다. '훌륭한, 고급'의 뜻도 있다. 그래서 러시아 사람들은 더욱 붉은색을 좋아한다. '붉은 아가씨(Красна я Девица)'는 '아름다운 아가씨'라는 의미다. '붉은 가격(Красная Цена)'은 '비싼 가격'을 나타낸다. 모스크바의 '붉은 광장(Красная Площадь)'도 원래 '아름다운 광장'의 뜻을 내포하고 있다. 붉은 광장에서는 매년 5월 9일 제2차 세계대전의 승리에 맞춰 전승절 열병식이 성대하게 열린다. 열병식에 참여하는 '붉은 군대(Красная Армия)' 기념 대열은 '붉은 광장' 크레믈(Кремль)의 '붉은 담벼락'을 지난다.

마침 중국어의 '붉은(红)'에도 러시아어처럼 '아름답다'는 뜻이 있다. 한국어에서 '예쁜 여자는 명이 짧다'를 미인박명(美人薄命)이라고 하지만, 중국어로는 홍안박명(红颜薄命)이다. 여기서 '홍안'은 '붉은 얼굴'이 아니라 '예쁜 얼굴'이다. 중국 옛말의 홍안화수(红颜祸水)는 '얼굴이 너무 예뻐서 재앙(祸, 화)이 끊이지 않는 여자'를 일컫는 것이다.

중국인들은 붉은색이 사악(邪恶)을 몰아내고 길상(吉祥)을 부른다고 보았기 때문에, 중국인들의 붉은색 선호도는 애초에 높았다고 할 수 있다. 그 예로 붉은 옷은 출산한 산모가 입으며 출산을 축하할 때 붉게 물들인 달걀, 홍단(红蛋)을 준다. 봄에 길상을 기원하며 대문에 붉은 종이의 글, 춘련(春联)을 붙인다. 각종 행사의 붉은 장식, 대궐과 사당의 벽과 관리들의 의복에도 붉은색을 썼다.

그 밖에도 중국어 단어 '붉은'에는 좋은 뜻이 많아 홍(红)은 '돈 그리고 귀중품'과 관련된 의미가 있다. 홍포(红包)는 '돈봉투', 홍리(红利)는 '이익·배당금·상여금', 화홍(花红)은 '결혼예물·축하금품', 홍화(红货)는 붉은 물건이 아니라 '보석류'를 뜻하고, 홍표(红

票)는 '귀한 표', 예를 들어 입장권 등이다.

붉은색이 돈의 의미와 연관된 만큼, 상하이 증권거래소나 선전 증권거래소에서는 붉은색이 상승장, 초록색이 하락장을 나타낸다. 도쿄의 증권거래소도 같다. 한국 증권거래소에서는 붉은색은 같으나 파란색이 하락장인 점이 다소 다르다. 그런데 뉴욕 증권거래소는 정반대이다. 초록색이 상승장, 붉은색이 하락장을 표시한다.

중국어 홍(红)은 또 '성취와 승리'의 의미를 가진다. 개문홍(开门红) 즉 '문을 열자마자 붉다'는 말은 '시작이 좋다'는 뜻이다. 만당홍(满堂红)은 '곳곳에 가득한 승리'다. 홍도저(红到底)는 '마침내 승리한다'는 뜻이다. 여기서 '도저'는 '결국, 끝까지 하다'의 의미다.

홍(红)은 '운이 좋다, 인기 있다'는 뜻도 있다. 홍운(红运)과 행운(幸运)은 같은 뜻이다. 주홍(走红)은 '빨강을 달리다'가 아니고, '행운이 있다, 인기가 있다'라는 의미이다. 홍인(红人)은 '붉은 사람'이 아니고, '인기 있는 사람, 행운이 있는 사람'이라는 뜻이다. 현대의 중국에 와서 인터넷상의 유명한 사람을 '망락(网络, 네트워크) 홍인(红人)'이라 부르고, 줄임말로 망홍(网红, 왕훙)이라고 한다. 현대의 '홍인'은 좋은 이유이건 나쁜 이유이건 상관없이 그저 유명해지기만 하면 되니 예전의 의미와는 달라졌다. 한편 인터넷상에서 유명 블로거나 일인 방송 출연자 등을 마케팅에 활용하는 것을 '왕훙(망홍) 마케팅'이라 하여 많은 기업에서 활용하고 있다.

중국의 신랑 신부는 붉은 옷을 입는다. 러시아에서 혼례를 표현할 때 붉은색과 관련된 말을 쓰는 것이 중국과 일맥상통한다. 러시아에서 '붉은 열차(Красный поезд)'는 '혼례 행렬'이라는 뜻을 가지고 있다. 또 중국을 대표하는 천안문 광장 자금성의 벽이 붉은색이고, 앞서 말했듯 러시아를 대표하는 붉은 광장 크레믈의 벽도 붉은색이다.

붉은색이 사회주의권 국가에서 상징색으로 주로 쓰이지만 '노란색'도 붉은색에 못지않게 많이 사용된다. 특히 소련은 현수막 등을 만들 때 붉은 바탕에 노란색 글씨를 썼다. 소련 국기도 붉은 바탕에 노란색 문양이다. 고대 중국에서 황색은 고귀함, 황제를 나타냈다. 후에 중국에서 황색은 음란, 색정을 상징하는 단어로도 쓰여 이중적인 의미를 갖는다. 어쨌든 중국공산당도 붉은색과 함께 노란색을 주로 쓴다. 중국의 국기도 붉은 바탕에 노란색 문양이다. 현대 중국 행사장 같은 곳에 가보면 주최 측의 민·관·군 구분 없이 대부분 붉은색과 노란색 일색으로 치장되어 있다. 베트남 공산당도 소련, 중국과 마찬가지로 붉은색, 노란색을 사용한다.

'별'은 사회주의 국가의 주요 상징 중 하나다. 그런데 사회주의, 공산주의, 볼셰비키 혁명세력의 상징은 엄밀히 말하면 별 중에서도 '붉은색 별'이다. 볼셰비키 '붉은 군대'의 붉은색 별 모자는 현대의 러시아인이 복고풍이나 애국주의적 생각으로 구하여 쓰고 다닌다. 동유럽에서는 2차 세계대전 때 레지스탕스의 상징으로 붉은 별을 사용했다. 과거 구소련 건국 당시 최초 4개월간의 국기를 보면 흰 바탕에 붉은 별이 있다. 이후 소련의 국기는 붉은색 바탕에 노란 테두리로 그려진 붉은 별이 되었다. 이 노란색 테두리의 경우, 따지고 보면 붉은 별이 황금색으로 밝게 빛나는 것을 표현한 것이기 때문에 의미상으로는 노란색이 아니라 황금색 테두리라고 봐야 한다. 한편 황금색은 구소련 해체 후 러시아가 많이 사용하여 러시아 국가대표 체육 선수들의 경기복에 황금색이 자주 들어간다.

중국도 별을 사용한다. 중국 국공내전 당시 홍군 모자 한가운데에는 붉은 별이 있었다. 중국공산당이 1929년에 군장을 통일하면서 팔각형으로 바꾸었다. 이는 팔각모 곧 홍군모(红军帽)를 상징한다. 현대의 중국인들도 복고풍이나 애국주의적 생각으로 이 디자인의 모자를 구해서 쓴다. 중화인민공화국의 국기인 '오성홍기(五星红旗)'는 그야말로 '다섯 별'을 도안했다. 왼쪽의 가장 큰 노란 별이 공산당이다. 큰 별을 향하고 있는 네 개의 작은 노란 별은 각각 노동자, 농민, 도시 소자산 계급, 민족자산 계급이며 이것들이 어우러져 단결과 혁명을 상징한다. 1949년 중화인민공화국 건국 당시 국기 도안의 후보는 오성홍기를 포함하여 38가지였는데, 붉은색을 기본으로 하여 노란색, 파란색, 초록색, 흰색 등이 사용되었다.

사회주의, 공산주의 국가들은 인민들의 감성과 이성을 정치커뮤니케이션으로 의식화하는 데 상징, 이미지, 기호들을 많이 그리고 자주 사용했다. 이렇게 국가가 매사를 정치화할 때 인민은 이것을 자신이 능동적으로 받아들인다고 여기기 때문에 효과가 클 수밖에 없다.

망치, 톱니바퀴, 낫,
곡식다발, 책, 태양, 별

러시아 사회민주노동당의 볼셰비키파는 1917년 10월 혁명의 성공 이후 '러시아 공산당'으로 이름을 바꾸었고, 소련 건국 후 '전연방 공산당'을 거쳐 '소련공산당'이 되었다. '망치와 낫'의 문장(紋章)은 1917년 러시아혁명 당시에 사용되었다. 뒤에 소련공산당의 깃발은 붉은색 바탕에 황금색 망치와 낫으로 정의되었다. 망치와 낫을 황금색으로 표현하기 어려울 경우에만 노란색을 쓰는 것이 원칙이다. 중국공산당의 당기 규정을 보아도 망치와 낫의 '당 문장(党徽, 당휘)' 색깔은 노란색이 아니라 금황색(金黄色)이라고 명시되어 있다. 망치는 노동자를 상징하고 낫은 소농을 상징한다.

소련공산당의 망치와 낫은 전 세계 사회주의권 국가의 공산당, 노동당 당기에 영향을 주었지만 각국의 모습은 조금씩 다르다. 중국공산당의 망치와 낫은 소련공산당의 그것과 다소 다르게 생겼다. 그리고 북한 조선노동당의 깃발에는 망치, 조선낫과 함께 지식인을 상징하는 붓 그림이 있다. 또 나라에 따라서 낫이 아니라 괭이, 쟁기, 큰 낫으로 응용하여 그려 넣는다.

붉은 별, 망치와 낫 이외에 사회주의 국가가 사용하는 상징에는 '떠오르는 태양', '펼쳐진 책이나 두루마리', '곡식 다발의 묶음', 그리고 '톱니바퀴' 등이 있다. 소련 건국 시기에 만들어진 국가 '문장(紋章, Герб)'이 이것들을 담고 있다. 소련은 지구본 위에 망치와 낫, 그리고 꼭대기에 붉은 별과 그것의 황금색 테두리, 망치와 낫의 아래에는 떠오르는 태양, 이것들을 모두 감싸고 있는 두루마리와 밀 다발의 묶음을 도안했다. 두루마리에는 '만국의 프롤레타리아여 단결하라(Пролетарии всех стран, соединяйтесь)!'는 구호가 소련 각 공화국의 언어로 적혀 있다.

그리고 이 국가 문장을 붉은 깃발의 한가운데 넣은 것이 소련 최초의 국기다. 이후 소련 국기의 도안이 바뀌어 붉은 깃발의 왼쪽 윗부분에 소련공산당의 문장이면서 노동자와 소농의 단결을 나타내는 망치와 낫을 놓고, 그 위에 공산당의 영도를 상징하는 붉은 별을 그려 넣은 도안으로 단순화되었다. 한편 러시아의 국가 문장은 구소련 해체 후에 쌍머리 독수리로 돌아왔다. 쌍독수리는 비잔틴 정교의 적자를 자처했던 제정 러시아가 동로마로부터 응용한 문장이었다.

밀 다발은 사회주의권 국가에 따라서 벼, 옥수수, 면화 또는 다른 농작물로 바꿔서 그리기도 한다. 그래서 중화인민공화국의 '국가 문장(国徽, 국휘)'에는 다섯 개의 별과 그 아래에 천안문, 이것들을 동그랗게 감싸고 있는 톱니바퀴와 벼 이삭 다발의 묶음이 있다. 톱니바퀴와 벼 이삭 다발은 노동자와 농민의 단결을 상징한다. 천안문 위에는 다섯 개의 별이 있는데 큰 별은 공산당이고 작은 별 4개는 각각 노동자, 농민, 도시 소자산 계급, 민족자산 계급을 나타낸다. 중국의 국기와 문장에서 작은 별은 항상 큰 별의 중심점을 향하고 있어야 한다.

소련은 국민의 의식을 정치화하는데 문학, 미술, 음악, 영화 등 문화적 수단을 동원했다. 소련 건국 초기인 1920년대와 1930년대에 관련 단체에서 발전된 방법론이 '사회주의 리얼리즘'이다. 문학의 경우 '소비에트 작가동맹'이 이것을 채택했다. 사회주의적 혁명, 역사, 교육 등의 테마를 가지고 인민을 사상적으로 개조하라는 임무가 문학에 부여되었다.

음악 분야는 국가(国歌)를 필두로 한다. 국제적 사회주의 단결 운동 조직체였던 '인터내셔널'의 노래는 프랑스로부터 만들어지고 제창되었는데, 소련이 건국 이후 20년 이상 이 노래를 국가로 사용했다. 1944년이 되어서야 소련은 새로운 국가를 제정했다. 인터내셔널의 노래가 각국의 국가주의보다는 국제 프롤레타리아의 단결을 강조했다면, 소련의 새로운 국가는 소련이라는 나라 자체에 대한 인민의 애국심을 북돋우는 방향으로 선회했다. 가사에는 '위대한 소비에트, 붉은 깃발에 대한 충성, 스탈린을 찬양하는 내용' 등이 포함되었다. 이후 스탈린 관련 내용이 빠진 가사로 바뀌었고, 구소련 해체 이후에는 러시아 정교의 종교적 내용이 보다 강조되었다.

중화인민공화국의 국가는 공산당이 중국국민당과 대결, 합작을 번갈아 하던 와중인 1935년에 만들어진 <의용군 행진곡(义勇军 进行曲)>이다. 가사는 대략 다음의 내용이다. '일어나라, 노예의 삶을 거부하는 인민이여, 우리의 피와 살로 새로운 만리장성을 쌓자, 중화민족은 역사상 가장 위험한 지경에 이르렀다, 모두가 소리 지르자, 일어나라, 모두가 한마음이 되자, 적들의 포화에 맞서자, 전진, 전진, 전진'.

마오쩌둥의 문화혁명 시기에 의용군 행진곡의 작사자가 반역도로 몰려 체포되면서 '마오쩌둥 주석에게 충성하자'는 가사로 바꿔어 불렸다. 문화혁명이 끝난 이후에는 공산당의 영도 정신과 국가주의가 추가되었다. 마오쩌둥의 과오가 문화혁명 이후 지도자들에 의해 오류라고 규정되었음에도 불구하고 마오쩌둥을 전면 부정할 수 없는 중국공산당의 입장이 담겨 있는 가사는 다음과 같다. '위대한 공산당의 영도 아래, 모두가 한마음으로 공산주의의 내일을 위해, 조국을 건설하고 보위하자, 마오쩌둥의 기치를 높이 들고, 전진, 전진, 전진'. 이 가사는 1982년까지 불리다가 <의용군 행진곡> 원곡 가사로 환원되었다.

국가적으로 어려운 재난의 시기나 주요 기념일 즈음에는 애국주의적인 구호 아래 온 나라의 남녀노소가 한 방향으로 움직인다. 중국의 경우 소셜미디어에서 이런 분위기를 흔히 목격할 수 있다. 팬데믹 시기 초등학생들이 집에서 비대면 수업을 할 때 '온라인(线上)'으로 '국기 게양식(升旗 仪式)'에 참여하도록 했다. 이 화면에는 공산당, 국가, 민족에 관련된 상징, 이미지, 기호, 문화 등이 가득 표현되어 있있다. 어린이들은 집에서 이 화면을 보고 <의용군 행진곡>을 들으며 국기에 대한 경례를 했다.

××××××××××××××××××××××××

신냉전의 시대,
서방의 대척점에서 싸우자

××××××××××××××××××××××××

1991년 구소련이 해체되면서 분리된 15개 나라들 중에서 발트해 연안의 3개 나라, 즉 라트비아, 리투아니아, 에스토니아를 제외한 나머지 12개 나라가 가입했거나 또는 가입 후 탈퇴를 했던 공동체가 바로 '독립국가연합(CIS, СНГ)'이다. 12개 나라는 다음과 같다. 먼저 동슬라브족인 러시아, 우크라이나, 벨라루스 3개국이 있다. 동계올림픽이 열렸던 소치 남쪽에는 유럽과 아시아를 가르는 캅카스(코카서스)산맥이 있는데, 그 이남에 아제르바이잔, 아르메니아, 조지아(그루지야) 3개국이 있다. 중앙아시아에는 '~스탄'으로 나라 이름이 끝나는 5개국이 있다. 그리고 나머지 1개국은 루마니아어를 쓰는 몰도바다.

'독립국가연합'은 시기, 국제 상황, 그리고 가입국들의 요구에 따라 결속력이 강해졌다가 약해지기도 했다. 집단 안보적 군사 정치 공동체를 지향했다가 경제 통화 무역 문화 공동체를 지향하기도 하는 등 정체성의 변화와 부침이 있었다.

이와는 상대적으로, 2000년에 역시 러시아의 주도로 발족한 '유라시아 경제 공동체(EurAsEC, ЕврАзийское Экономическое Сообщество)'는 관세 동맹 성격의 경제 및 자유이민 공동체로 출범했다. 러시아, 벨라루스, 카자흐스탄, 키르기스스탄, 타지키스탄이 회원국이고 우즈베키스탄은 가입했다가 탈퇴했다. 이 밖에 '유라시아 경제 연합(EAEU)'도 러시아 주도의 구소련권 경제 공동체였다.

한편 중국은 급속한 경제성장을 자양분으로 이에 걸맞은 대국으로의 굴기를 지향하며, '일대일로(One Belt and One Road, 一帯一路)'라는 이름하에 아시아, 인도양, 아프리카, 유럽으로 경제 영토 확장을 시도했다. 일대일로 중에서 육상연결을 상징적으로 보여주는 것이 중국-유럽 열차 프로젝트다. 중국 동부 연안 강소성의 연운항에서 카자흐스탄 알마티(阿拉木图)를 거쳐 독일 북부 항구도시 함부르크까지 이어지는 열차가 대표적이다. 또한 '역내 포괄적 경제 동반자 협정(RCEP)'과 '아태 자유무역 지대(FTAAP)'를 이끌며 글로벌 경제에서 미국의 대항마를 자처했다. '아시아 인프라 투자 은행(AIIB)' 역시 중국의 글로벌 지배력 확대라는 점에서는 같은 성격을 가지나, 금융을 매개로 하고 있다는 점이 다소 다르다고 하겠다.

이렇게 중국과 러시아는 국제사회에서의 영향력 확대 또는 유지를 위해 각기 주도하는 다자간 프로젝트에 힘을 쏟았다. 그러면서도 두 나라가 힘을 모으고 입을 맞춰야 할 상황이 되면 여지 없이 그것을 실천했다. 그리고 그것은 미국과 서구의 대척점에 선 중국과 러시아 두 나라가 공통의 이익으로 여기는 부분이었다. 중국 주석과 러시아 대통령은 중국의 '일대일로'와 러시아의 '유라시아 경제 공동체'도 상호 보완이 가능한 개념이라면서 중국과 러시아 양국의 경제 협력을 더욱 강화할 것을 천명했다.

이뿐만이 아니다. 두 나라는 자원 협정을 맺었는데, 천연가스를 포함한 자원 수출이 국부 창출의 상당 부분을 차지하는 러시아로서는 매우 중요한 협정이라 할 수 있다. 그리고 중국은 고속철도 기술과 실제 운영에서 세계적으로 상당히 앞서 있다. 중·러 양국은 시베리아의 극한 날씨에도 운행이 가능한 고속철도 공동 개발 프로젝트를 띄웠다. 또 중국 동북 지방과 러시아 사이의 많은 국경 도시들 간에 '경제 무역 변경(국경) 협력구'가 있다.

정치 군사적으로도 양국은 긴밀하다. 가장 대표적인 것은 '상하이 협력기구(SCO, Shanghai Cooperation Organization, 上海合作组织, Шанхайская Организация Сотрудничества)'다. 2001년 러시아, 중국, 우즈베키스탄, 카자흐스탄, 키르기스스탄, 타지키스탄 6개국이 결성했고, 이후 2017년 6월에 파키스탄과 인도가 가입했다. 옵서버 국가로는 아프가니스탄, 벨라루스, 이란, 몽골 4개국이 있다. 이 밖에 대화 파트너라는 이름 아래 튀르키예(터키), 아제르바이잔, 아르메니아, 캄보디아, 네팔, 스리랑카 6개국이 참여했다.

상하이 협력기구는 중국의 장쩌민(江澤民) 주석이 1996년에 설립을 제창하여 만들어진 '상하이 5국'이 그 모태가 되었다. 회원국 사이의 국경에서 분쟁이 발생하지 않도록 병력을 감축하고 긴장을 완화하는 것을 초기 과제로 삼았다. 그러다가 합동 군사 훈련, 테러 공동 대응, 경제 협력, 사회 문화 협력으로 그 의의와 범위를 차차 넓혔다. 이 기구는 의장국을 러시아어 글자 순에 따라 맡는다는 점, 러시아어와 중국어가 공식 언어라는 점이 이색적이다.

유엔 안전보장 이사회의 상임이사국 5개 나라에 포함된 중국과 러시아는 국제 사회에서 막강한 권한을 가지고 있다. 두 국가는 특정 사안에는 같은 입장을 나타내며 공통의 이익을 지켜간다. 이는 시리아의 제재 결의안에 함께 거부권을 행사하는 것 등에서 나타났다. 중국과 러시아는 한국의 사드 배치에도 같이 반대했다. 러시아와 중국 지도자가 만난 직후 러시아는 우크라이나를 공격했다. 중국은 제재하의 러시아 석유를 사줬다. 대러 서방 공조와 미·중 갈등의 신냉전 체제에서 중국과 러시아는 서방의 반대편에 있다. 이밖에 함께 초음속 무기를 개발한다거나, 일본의 침략 역사를 제국주의로 규정하는 것에 공조하는 등 다양한 분야에서 입과 발을 맞추었다. 이렇게 중국과 러시아의 관계는 각별하다. 역사, 군사, 정치, 경제, 문화, 사회적으로 깊이 엮여 있다.

20억 명이 쓰는 말

중국어와 러시아어의 차이점은 무수히 많겠지만 공통점도 몇 가지 있다. 유엔의 공식 언어라는 것이 그중 하나다. 유엔의 공식 언어는 영어, 프랑스어, 러시아어, 중국어, 스페인어, 아랍어 6개다. 이는 유엔 안전보장 이사회 상임이사국인 미국, 영국, 프랑스, 러시아, 중국의 언어이다. 안전보장 이사회 즉 '안보리'는 유엔에서 실질적, 국제적 강제력을 갖고 있는 몇 안 되는 기구 조직 중의 하나다. 이 안보리를 좌지우지하는 상임이사국에 러시아와 중국이 들어 있다.

1940년대 2차 세계대전 와중에 연합국 측 진영이 유엔 설립을 주도했다. 연합국 측 진영에는 소련과 중국도 포함되었다. 당시 중국 대륙을 대표한 것은 중화민국 즉 지금의 대만이었다. 그러다가 1949년 중화인민공화국 건국 때부터 상임이사국의 교체를 거론하던 소련의 주장이 성사되어 1971년 드디어 유엔 안보리 상임 이사국 몫은 중화민국에서 중화인민공화국으로 넘어갔다. 그에 따라 이전까지 유엔의 공식 언어 중문을 표기하던 중화민국식 번체자도 중화인민공화국식 간체자로 바뀌었다.

지구상에서 중국어를 모국어로 사용하는 인구가 가장 많다. 대륙 중국인에 더하여 대만이 있고, 동남아시아 등지의 중국 화교까지 합하면 18억가량의 사람이 중국어를 쓴다. 러시아어는 러시아 인구에 구소련 나라들 중 일부가 러시아어를 공용어로 했기 때문에 모두 합치면 3억 내외의 사람들이 사용하는 것으로 본다.

냉전 시절 러시아어는 소련과 이를 따르는 제이 세계의 사실상 공용어였다. 소련의 군수품을 수입하는 나라의 군대에는 소련 무기체계의 기본·무장·정비 교범을 번역하는 러시아어 가능 병력이 필수였다. 중국공산당의 경우 1949년 건국 전후로 소련의 원조를 받았는데, 원조는 군사 영역에 그치지 않고 정치·경제·사회·문화 분야에 걸쳐 있었다. 당연히 러시아어 구사 인력이 많이 필요했다.

이에 따라 중국은 러시아어 교육기관을 설립하여 우선 소요 인력을 양성했다. 국민당과의 경쟁이 치열하던 중국공산당 연안(延安) 시기인 1941년에 '중국인민 항일 군사정치대학 제3 분교 러시아어 대대'라는 긴 이름의 러시아어 교육기관이 만들어졌다. 이 러시아어 교육기관이 중화인민공화국 건국 이후 1954년 '베이징 외국어학원'으로 확대되었고, 1994년에 '베이징 외국어대학'으로 이름을 바꾸었다.

1949년 상하이에서는 화동 인민혁명 대학 부설로 '상하이 러시아어 전문학교(上海俄文专科学校)'가 생겼다. 이 러시아어 학교는 1956년에 '상하이 외국어학원'으로 바뀌었고, 1994년에 '상하이 외국어대학'이 되었다. 상하이 외대에는 소련 지역학 연구를 전문으로 하는 '소련연구소'가 생겼고 나중에 이것이 상하이 외대 '국제문제연구소'로 진화했다. 이후 상하이 외대 '러시아 연구센터'가 생겨서 러시아 어문, 중·러 관계사 등이 연구되었다.

그러므로 중국에서 외국어 교육, 국제학 연구는 러시아어에서부터 태동했다고 보아도 무방하다. 그리고 러시아와 인접한 내몽고, 흑룡강, 길림 등지에는 러시아어만을 가르치는 직업학교나 전수학교도 많다. 러시아계 중국인들이 많이 사는 위구르 지역의 이리(伊犁)자치주, 타청(塔城)지구, 아러타이(阿勒泰)지구, 내몽고의 만주리, 어얼구나(额尔古纳)시 등지에서는 중국어 이외에 러시아어가 소수 민족어로 사용된다.

대륙의 일반적인 중국인들에게도 러시아어는 오랫동안 제1 외국어의 지위를 누렸다. 그러나 곧 영어교육 열풍으로 바뀌었다. 학부모들은 영어가 자녀의 인생에 더 도움이 된다고 생각한다. 한국 못지않게 영어 사교육 시장도 커졌다.

대조적으로 러시아에서는 중국어의 중요성이 점점 더 커졌다. 러시아에서는 고교 졸업 시험으로 영어, 프랑스어, 독일어, 스페인어 4가지 외국어를 선택할 수 있었다. 여기에 2019년 중국어가 추가되었다. 이는 러시아에게 중국이 가장 큰 교역국이자 정치외교적 동반자임을 보여주는 동시에 중국어에 대한 필요가 세계적으로 높아진 것을 반영한 것이다.

2장

'먹고 자고 즐기기' 다른 듯 비슷한 두 나라

차茶와 차이Чай

중국에서 비롯된 것으로 알려진 차(茶) 문화가 유럽 쪽으로 전해지면서 유럽인들의 생활 문화로 자리 잡았다. 러시아에도 차 문화가 있다. 그런데 중국 사람들은 러시아에 차 문화가 전파된 경로로 유럽을 거치지 않고 중국에서 바로 러시아로 건너갔다고 주장한다.

중국에서 러시아, 튀르키예, 영국 등의 나라로 차가 전파된 시기는 대략 16세기에서 17세기로 이야기된다. 영국, 튀르키예는 차를 마시는 인구가 많다. 19세기 초 영국인들 사이에 차 수요가 많아지고 중국과의 차 교역 등에서 생긴 영국의 통상 적자를 영국은 중국에 아편을 팔아 메우고자 했다. 이 갈등이 영국과 중국 아편전쟁의 원인 중 하나가 되었다. 중국은 아편전쟁에서 참패했다. 그리고 이후 100여 년간 중국은 종이호랑이로 전락했다.

러시아와 튀르키예의 차 문화는 공통점이 있다. 차는 러시아어로는 차이(Чай), 튀르키예어로도 '차이'다. 러시아 사람들이 차를 끓이는 도구는 사모바르(Самовар, 싸마바르), 튀르키예의 차 끓이는 도구는 쎄마베르(Semaver)다. 사모바르는 중앙에 연료를 넣고 아래쪽에 수도꼭지가 있다. 구멍 뚫린 빵인 부블리크(Бублик)를 사모바르에 매달아 놓는 경우도 있다. 블라디보스토크에서 출발하는 시베리아 횡단철도에도 사모바르가 있다. 영국인들은 차에 우유를 넣어 마시는데, 러시아인이나 튀르키예인은 그냥 마신다. 러시아인은 레몬을 넣는 것도 즐긴다. 그리고 러시아인과 튀르키예인은 차를 마실 때 달콤한 설탕이나 잼 종류를 함께 먹는다. 러시아 사람들이 먹는 잼류를 바레니예(Варенье)라고 한다.

러시아 사람들이 즐겨 마시는 차는 홍차다. 그런데 영어로는 레드티가 아니라 '블랙티'다. 즉 '흑차'라 할 수 있는데, 중국인들의 관점에서 보면 홍차를 흑차라 하면 안 된다. 왜냐하면 중국인들에게 흑차와 홍차는 구분되기 때문이다.

중국인들은 찻잎을 어떻게 발효시키느냐에 따라서 차를 여섯 가지로 구분한다. 여섯 가지는 '흑차, 홍차, 청차, 황차, 녹차, 백차'다. 흑차는 차를 제조, 완성한 후에도 계속 발효가 일어나는 차를 말한다. 한국의 여성들도 체중감량에 도움이 된다 하여 많이 찾던 보이차(普洱茶, 푸얼차), 보이차 중에서도 특히 생차(生茶)는 계속 발효가 일어난다. 몇십 년 된 고가의 보이 생차도 있다.

보이차 중에서 숙차(熟茶)는 차를 쌓아 놓고 물을 뿌리는 등 인공적으로 미생물 발효를 한 것이다. 그러므로 위생적으로 제조하지 않으면 깨끗하지 않은 차로 만들어질 가능성이 농후하다. 따라서 보이차 중에서 숙차를 구입할 때는 믿을 만한 유통경로를 통해 주의 깊게 사야 한다.

중국인 분류방식으로 '발효가 많이 되어 완성된 차'가 홍차다. 발효는 찻잎과 찻잎 자체의 세포 효소가 상호 작용해서 일어난다. 발효를 촉진하기 위해 찻잎을 비벼준다. 차나무의 잎에는 발효를 일으킬 수 있는 효소가 내재되어 있다. 차(茶)라는 중국어를 엄격하게 해석하면 세 가지 의미를 가진다. '차나무', '차나무의 잎', '차나무의 잎으로 우려낸 물' 이렇게 세 가지다.

청차는 반발효차이고 이것을 우롱(乌龙)차라고도 한다. 우롱차를 쉽게 설명하자면 홍차와 녹차의 중간 정도로 발효를 한 것이다. 황차는 찻잎을 딴 후 쌓아 두어 엽록소가 빠지고 누렇게 된 상태에서 발효를 하여 만든다. 녹차는 '발효를 약하게' 하여 만든다. 백차는 '차나무의 어린 잎으로 발효를 약하게' 하여 만든다.

청차(우롱차)와 홍차가 탄생한 곳은 복건성(福建省)의 무이산(武夷山)이라고 전해진다. 무이산은 단하(丹霞) 지형으로 계곡이 아름답고, 유(儒)·선(禅)·도(道) 삼교(三教)의 명산이며 유네스코 자연, 문화유산이다. 우롱차는 복건성 무이산의 대홍포(大红袍)와 복건성 안계(安溪)현의 철관음(铁观音)이 유명하고, 대만의 동정산(冻顶山) 우롱차도 알아준다.

중국의 홍차는 포르투갈과 네덜란드 배에 실려 유럽으로 전파되었다고 한다. 중국 안휘성 기문(祁门)의 홍차가 인정받는다. 물론 인도에서 만드는 다즐링 홍차와 스리랑카 홍차도 유명하다.

중국인들은 영국의 식물학자가 19세기 초 기문 홍차의 묘목을 훔쳐 인도로 가져가 다즐링 홍차를 재배하기 시작했다고 주장한다. 우롱차를 만들다가 방치하는 바람에 우연히 발효가 더 되어 홍차가 만들어졌다는 설도 있다.

황차는 사천성 몽정산(蒙顶山)의 황아(黄芽)가 유명하다. 녹차는 강소성 오현(吴县)의 벽라춘(碧螺春), 안휘성 황산의 모봉(毛峰), 절강성 항주(杭州)의 용정(龙井), 절강성 천목산(天目山)의 청정(青顶), 절강성 안탕산(雁荡山)의 백운(白云)을 쳐준다. 백차는 복건성의 송계(松溪)가 있다.

중국의 문화에서 차가 차지하는 요소는 많다. 중국에서는 차를 놓고 제사를 지냈다. 한국에서 특정 시기에 차례(茶禮), 차사(茶祀)를 지내는 것과 비슷하다. 차를 주제, 소재로 하는 글과 그림도 많다. 당나라의 백거이(白居易), 송나라의 소식(苏轼, 소동파) 등이 차와 관련된 글을 썼다. 차를 약으로도 썼다. 차를 활용해서 건강에 도움이 되는 양생(养生), 건신(健身) 활동을 했다.

차를 마시기 위해 쓰는 도구를 차구(茶具)라 한다. 주전자는 자사호(紫砂壶)가 유명하다. 찻잔(茶杯), 종지(茶瓯), 화로(茶炉), 절구(茶磨), 숟가락(茶匙), 솔(茶筅) 등 다른 도구도 다양하다. 옛부터 중국의 강남 지방 등지에는 사람들이 모여 차를 마시고 교류를 하던 장소가 있었는데 이것을 차관(茶馆)이라 한다. 요즘에도 차관이 있다.

현대의 중국인들은 차를 보온병(茶瓶)에 넣어 다닌다. 캔 음료로 된 뜨겁지 않은 량차(凉茶) 브랜드는 왕라오지(王老吉), 쟈둬바오(加多宝)가 대표적이다. 전통차에 현대적 해석의 갖가지 맛을 가미한 가맹점 형태의 찻집도 있다.

××××××××××××××××××××××××

'귀의 빵'
-교자와 펠메니

××××××××××××××××××××××××

만두는 한국에서 만두라는 총칭으로 대별되는 음식이지만, 중국에서는 교자, 포자, 만두, 완탕, 샤오마이, 딤섬 등 다양한 명칭으로 구별되어 불린다. 중국의 문헌이나 발굴된 유적에 비추어 볼 때 대개 몽골과 인근 유목 민족의 음식이 중국에 전파된 것으로 보인다. 전파된 시기는 약 2천 년 전으로 추정된다.

지구상에서 비슷한 음식을 동에서 서로 훑어보면, 몽골의 보즈(Buuz)·호쇼르(Khuushuur), 중앙아시아와 튀르키예의 만투(Mantu)·만티(Manti), 캅카스산맥 이남의 힌칼리(Khinkali)와 캅카스산맥 이북의 할리바(Haliva), 동유럽의 피에로기(Pierogi)·바레니키(Vareniki), 이탈리아의 라비올리(Ravioli)·토르텔리니(Tortellini), 스페인의 엠파나다(Empanada) 등이 있다. 이것들은 직접 영향을 받았거나, 또는 우연히 비슷할 수도 있는 사촌지간이다.

딤섬(Dimsum)은 홍콩을 거점으로 세계화된 음식이다. 중국어 보통화(만다린, 표준 중국어) 발음으로는 뎬신(点心, 점심)이고, 글자 그대로 마음에 점을 찍는 정도로 가볍게 먹는 음식을 일컫는다. 딤섬의 원래 의미는 과자류 같은 것도 포함하는데, 이제는 주로 교자, 포자, 샤오마이 등 만두류만을 칭하는 것이 되었다.

딤섬 중에서 교자는 만두피가 얇은 것, 포자는 만두피가 두꺼운 것이라고 알면 된다. 교자(饺子)는 중국 회수 이북에서 정초(춘절)에 먹는 대표 음식이다. 샤오마이(烧卖)는 위가 열려 있어 속을 볼 수 있는 피에 재료를 담아 만든다. 춘권은 얇은 피에 재료를 넣고 돌돌 말아서 먹거나, 이것을 튀겨서 먹는 것이다. 이들 교자, 포자, 샤오마이, 춘권 이외에 과자, 국수로 먹는 분(粉)도 뎬신에 포함된다.

춘권(春卷)은 정초의 춘절에 먹는 음식이라서 이렇게 이름이 붙었다. 춘권에 넣는 재료가 봄에 나오는 식물이 많아 춘권이라 하였다는 이야기는 덤이다. 중국 회수 이남의 강남에서는 춘절 음식으로 춘권과 떡(年糕) 그리고 탕원(汤圆)을 즐긴다. 중국 회수 이북 사람들은 춘절 대표 음식으로 교자를 쳐준다.

만두(馒头)와 포자(包子)는 교자에 비해 두툼하고 발효된 피를 쓰는 경우가 많다. 중국 만두는 속이 없고 포자는 속이 있다. 교자가 몽골 인근에서 유래했다면 포자는 사천 지방에서 기원했다고 주장된다. 포자 안에 국물이 있어서 국물을 먼저 먹는 것이 소롱포(小笼包, 샤오룽빠오)나. 소롱포는 송나라 때부터 시작하여 강소성 등지에서 유행했다. 속은 돼지고기나 해산물을 쓰고, 포자를 찌는 롱(笼) 바구니에 소롱포 열 개씩을 담아 쪄낸다.

완탕(馄饨)과 교자는 중국에서 내려오는 문헌들에서조차 서로 바뀌어 기록될 정도로 비슷한 음식이다. 광동식 발음 완탕의 만다린 중국어 발음은 훈툰(馄饨, 혼돈, 만두혼/만두돈)이다. 훈툰이라는 이름의 기원에 대해서 일관되게 나오는 것이 훈둔(混沌, 혼돈, 섞일 혼/어두울 돈)이라는 단어와의 연관성이다. 우리에게 오월동주라는 성어로 익숙한 월나라가 있다. 월나라의 절세미인이라 일컫는 서시(西施)가 실존 인물이었는지 확인되지는 않았다. 사실과는 별개로 전해지는 이야기에서 '와신상담' 월왕(越王)의 미인계로 오왕(吴王)에게 보내져 서시가 완탕 비슷한 음식을 만들어 오왕에게 대접했다. 음식의 이름을 묻는 오왕에게 조롱하는 의미로 혼돈(混沌)이라고 대답했다는 것이 '혼돈' 명명의 첫 번째 설이다.

두 번째 설은 이 음식을 만들 때 대충 만들고 그 모양새가 볼품이 없어 '혼돈'이라 불렀다는 것이다. 한편 후일 혼돈(混沌, 훈둔)이 변해서 음식의 부수(食)가 들어간 한자 혼돈(馄饨, 훈툰)으로 바뀌었다는 데 대해서는 이견이 없는 편이다. 훈툰이 홍콩을 중심으로 세계화되면서 광동어 발음을 따서 영어로는 완탕(Wonton)으로 옮겨졌다. 광동 지방에서는 같은 발음이나 '한입에 먹는다'는 뜻의 완탕(Wonton, 云吞)으로 표기되기도 한다.

참고로 보통화 중국어 발음의 완탕(丸汤) 또는 완즈탕(丸子汤, 환자탕)이라는 음식은 광동어 완탕(Wonton)과는 전혀 다른 것이다. 완탕 또는 완즈탕은 돼지고기, 채소 등 각종 식재료를 동그랗게 뭉쳐 완자로 만들어 국물과 같이 끓인 음식이다.

교자(饺子, 쟈오즈)는 '모퉁이' 모양이 많은 음식이라서 각자(角子, 쟈오즈)라고 불렀다. 찐 교자는 '증(蒸)교자', 튀긴 교자는 '작(炸)교자'다. 교자는 반달 모양이면서 사람의 귀 모양이기도 하다. 그래서 옛적 중국에서는 교자를 교이(娇耳)라고도 했다. 중국의 옛 의사가 귀 동상에 걸린 환자에게 교자를 먹여서 낫게 했다는 설화가 있다. 교자가 추운 지방에서 온 음식이고, 겨울철에 얼려 두었다가 금세 조리해 먹기 쉬운 음식이라서 생겨난 이야기로 짐작된다.

그런데 비슷한 '귀' 이야기를 러시아에서도 발견할 수 있다. 해당 러시아 음식은 펠메니(Пельмени)다. 펠메니는 러시아 사람들이 즐겨 먹는 만두다. 속에 고기, 채소 외에도 과일까지 넣어 먹는 점이 특이하다. 펠메니가 언제 러시아로 들어왔는지 밝혀지지는 않았지만 대개 몽골의 지배가 있었던 13세기로 본다. 펠메니라는 이름 자체도 몽골에서 서쪽으로 넘어오는 우랄 지방의 언어로 '귀의 빵'이라는 뜻의 펠-냔(Пель-Нянь)에서 비롯되었다. '귀'라는 공통분모를 중국이나 러시아가 모두 갖고 있는 것이다.

그리고 러시아에서도 펠메니는 초기에 얼려 두었다가 외부에서 빠르게 조리해 먹는 음식으로 시베리아 등지에서 자리를 잡았다. 이 또한 중국과 같은 맥락이라 할 수 있다. 러시아 상점에 가면 냉동 펠메니 제품이 다양하다. 얼려 두었다가 바로 조리해 먹었던 식문화가 지금까지 전승된 것이다. 러시아에는 펠메니 이외에도 피로시키(Пирожки)와 체부레키(Чебуреки) 등 만두 모양을 한 음식들이 많다.

양꼬치엔 칭다오

'양꼬치엔 칭다오'라는 유행어를 만든 한국 코미디언이 있었다. 그렇다면 과연 중국 사람들은 꼬치구이를 즐겨 먹는가? 그렇다. 상하이를 비롯 중국 도시들의 밤 풍경 중 하나는 중국 서북 지방 신장 위구르족 사람들이 가판대를 끌고 나와 '고기 꼬치구이(烤肉串, 카오로우촨)'를 파는 모습이다.

재료는 양고기, 돼지고기, 소고기, 닭 날개 등 다양하지만 각자 종교에 따라서 안 먹는 고기들이 있다. 항간에는 몹쓸 고기를 사용하기도 한다는 이야기도 들린다. 또 재료를 대량 생산하는 경우에는 소금물을 주사 방식으로 주입하는 공정을 거치기도 한다.

자욱하게 연기를 피우며 꼬치를 굽는 상인들이 위구르족이라는 데서 유추해 볼 수 있듯이, 이 음식은 페르시아와 중앙아시아에서 유래하여 중국으로 건너왔다고 알려져 있다. 한편 러시아와 가까운 중국 동북 지방의 길림성이나 흑룡강성에서도 이 음식을 애용하는데, 앞서 얘기한 위구르족의 꼬치구이와는 방식이 조금 다르다. 고기의 크기, 꼬치가 쇠인가 나무인가, 양념을 언제 바르는가 등등. 때문에 중국 동북 지방의 꼬치구이와 중국 내지의 꼬치구이는 그 전래 기원이 서로 다르다고 이야기한다.

조금 거창하게 얘기하자면 인류 역사상 발견된 꼬치구이의 유적은 수만, 혹은 수십만 년은 족히 넘어선다. 그리고 그 지역도 매우 다양하기에 어느 곳이 이 음식의 기원이라고 단정 지을 수는 없을 것 같다. 사람들은 불을 피우고 물에 적신 나무에 고기를 꿰어 구워 먹었을 것이다. 또 전장에서는 급하게 고기를 칼에 꿰어 구워 먹으며 허기를 달랬을 것이다.

꼬치구이의 기원을 확정할 수 없다고 하더라도, 그중에서 세계적으로 유명한 것은 튀르키예의 시시케밥이다. 시시(Shish)가 튀르키예에서 꼬치라는 말이다. 러시아의 꼬치구이 샤슬릭(Shashlik)이 이 시시라는 말과 연관성이 있다는 주장이 있다.

그 밖에 지구상에서 이와 비슷한 음식들을 훑어보면, 캅카스산맥 이남의 호로바츠(Khorovats), 므츠바디(Mtsvadi), 그리스의 수블라키(Souvlaki), 프랑스 남부의 브로셰트(Brochette), 포르투갈의 에스페타다(Espetada), 이탈리아의 아로스티치니(Arrosticini), 남미의 안티쿠초스(Anticuchos), 영어권 국가의 스큐어(Skewer)와 바비큐(Barbecue), 네팔의 세쿠아(Sekuwa), 남아프리카의 수사티(Sosatie), 동남아시아의 사떼(Sate), 한국의 꼬치,

일본의 야키토리, 쿠시야키, 쿠시카츠가 같은 뿌리이거나 우연히 비슷한 사촌지간이라 하겠다.

러시아인들과 중국인들은 꼬치구이를 좋아하고 사랑한다. 러시아의 꼬치구이 샤슬릭(Шашлык)은 외래 음식이지만 현재 러시아를 대표하는 음식 중 하나다. 꼬치구이가 '시시' 또는 그와 비슷하게 발음되는 곳은 튀르키예를 비롯해서, 페르시아, 히브리, 아제르바이잔, 우르두, 벵골이고 튀르키예에서 흑해를 건너 크림반도와 러시아에서는 샤슬릭으로 불린다.

러시아에서 샤슬릭은 한마디로 국민 음식이다. 남녀, 노소, 빈부를 불문하고 즐겨 먹는다. 고급 레스토랑보다는 주로 가정과 야외에서 먹는다. 샤슬릭은 다른 문화권과 비슷하게 고기를 꼬치에 꿰는 것부터 조리과정까지 남성이 도맡아 한다.

러시아에서는 대개 샤슬릭과 보드카를 함께 즐겨 왔는데, 그 모습이 근자에는 다소 바뀌었다. 러시아에서 독주로 인한 사망률이 지나치게 높은 점 때문에 당국이 주류판매와 음주의 장소와 시간을 통제했고, 상대적으로 맥주의 비중이 높아졌다. 유명한 러시아 맥주에는 발티카(Балтика, Baltika)가 있다. 발티카는 상표에 쓰여 있는 숫자에 따라 종류와 맛이 다르다. 러시아어로 맥주는 피바 또는 삐바(Пиво)다. 크로아티아, 슬로베니아, 세르비아, 보스니아 등 옛 유고 연방에서, 그리고 체코와 슬로바키아에서도 피보 또는 삐보(Pivo)다.

한국과 일본에서는 보리술 글자 그대로 맥주(麦酒)이지만, 중국에서는 피주(啤酒)라고 부른다. 피(啤) 글자에 별다른 뜻은 없다. 외국어 '피바' 또는 '비어'를 중문으로 표기한 것으로 보인다. '양꼬치엔 칭다오'의 칭다오 맥주는 1903년 독일인이 만들었으며 중국에서 두 번째로 오래된 맥주 회사다. 당시 회사 이름은 '게르만 맥주 회사'였다. 산동성 칭다오(青岛, 청도)는 1897년 청나라로부터 독일이 조차한 도시다. 칭다오 맥주 공장 부지에는 맥주 박물관과 2003년에 만들어진 칭다오 맥주 100주년 기념 조형물이 있다.

러시아와 가까운 흑룡강성의 하얼빈(哈尔滨) 맥주가 중국에서 역사가 가장 오래된 맥주인데, 1900년에 러시아 사업가들에 의해 세워졌다. 제정 러시아가 하얼빈을 거점으로 만주 철도(중국인들은 중동 철로라고 부른다)를 건설하는 공사를 했기 때문에, 중국에 와 있던 러시아인들을 위한 맥주 회사로 시작되었다. 하얼빈시를 가로지르는 송화강 한가운데 있는 태양도와 강변 스탈린 공원에서 '하얼빈 빙설제'가 매년 열려, 하얼빈 맥주의 대형 얼음 조형물을 볼 수 있다.

원샷, 다드나, 깐뻬이

러시아 사람들이 보드카를 마실 때 첫 잔은 이른바 원샷으로 다 들이켠다. 이렇게 원샷을 할 때 '다 드나'라고 외친다. 다(До)는 '~까지'라는 뜻이고, 드나(Дна)는 '밑바닥'이라는 뜻인데, 밑바닥까지 다 마시자는 말이다. 중국 사람들도 백주를 마실 때 첫 잔은 원샷으로 다 마신다. 이렇게 원샷을 할 때 '깐' 또는 '깐뻬이'라고 외친다. 깐(干)은 간체자로 '마르다'라는 뜻이고, 뻬이(杯)는 '술잔'이라는 뜻이며 우리말의 건배와 같은 단어다.

중국인과 러시아인이 좋아하는 백주와 보드카는 이렇게 첫 잔을 마시는 모습에서부터 몇 가지 공통점이 있다. 투명한 증류주라는 점, 40도에서 60도를 오가는 도수 높은 술이라는 점, 그리고 유명한 상표라 할지라도 가짜가 유통되기 때문에 유의해야 한다는 점 등이다. 공업용 알코올 등이 섞인 모조품일 경우 인체에 치명

적일 수 있다.

중국 백주(白酒) 중에는 비싼 것들이 많이 있다 보니 공무원들에게 청탁할 때 많이 쓰였다. 그리고 많은 백주 회사들이 고급 상표와 높은 가격으로 브랜드 포지셔닝하기 위해 애썼다. 미국에서 시청률과 광고 단가가 높기로 슈퍼볼 시간대의 광고가 으뜸이라면 중국에서는 춘절 전야쇼를 들 수 있다. 과거 백주 회사들이 이 시간대에 광고를 많이 했다. 그런데 시진핑 주석이 집권 초기에 부패 사정의 바람을 몰면서 백주 접대를 금지하자 백주 회사들의 시가총액은 급락했다.

백주의 전통적 산지는 장강(양자강) 상류의 사천성, 귀주성과 산서성 등지다. 주원료, 발효 방법, 증류 방법, 숙성 방법에 따라 향이 달라진다. 이에 따라 장향(酱香), 농향(浓香), 청향(清香), 미향(米香), 봉향(凤香), 겸향(兼香) 등으로 나뉜다.

대표적으로 사천성의 우량예(五粮液, 오량액)가 있다. 사천성 이빈(宜宾)시에 가면 수백 년 역사의 백주 양조장 우량예가 관광객을 위해 꾸며 놓은 장소에 들를 수 있다. 우량예는 수수(高粱, 고량), 쌀(大米, 대미), 찹쌀(糯米, 나미), 밀(小麦, 소맥), 옥수수(玉米, 옥미)의 다섯 가지 곡식으로 만든다. 사천성 수정방(水井坊)도 유명하다. 사천성 청두(成都, 성도)에는 원나라 때부터 시작해 명나라와 청나라를 이어오며 백주를 만든 수정방(水井坊)의 양조 유적이 있다. 이밖에 사천성의 젠난춘(剑南春), 루저우 라오쟈오(泸州老窖), 귀주성의 마오타이주(茅台酒, 모태주), 산서성의 펀주(汾酒), 강소성의 양허따취(洋河大曲), 안휘성의 구징꿍주(古井贡酒) 등 수백 년의 전통을 가진 백주들이 즐비하다. 이 중 마오타이는 시가총액 측면에서 거대 회사다. 현대의 상업적 성공을 거둔 신흥 백주 상표들도 많이 있다.

한국에서는 백주를 고량주라고 부르는 사람이 많다. 고량주는 주원료가 고량 즉 수수인 것으로 백주의 일부분이다. 고량주로는 산동성 연태의 고량주와 대만 금문도의 고량주가 유명하다. 금문도는 대만 땅이지만 실제로는 대륙 복건성에 가깝다. 한국인이 흔히 말하는 '빼갈'은 백주의 하나인 바이깐(白干)을 중국 북방식 발음으로 '바이까얼'이라 부르던 것이 한국으로 넘어와 변형된 것으로 짐작된다. 중국인들은 백주를 소주(烧酒)라고 부르기도 한다.

황주(黄酒) 중에서도 이름난 술이 많다. 상하이, 절강성, 강소성, 강서성 특산의 황주 명주들이 있다. 황주는 각종 한방 재료와 섞여 만들어지는 과정에서 몸에 이로운 성분이 생성된다는 주장이 보편적으로 받아들여진다. 절강성 소흥(绍兴)에 가면 유명한 황주가 있다. 이것을 소흥주라고 한다. 소흥주는 멀리 춘추 전국시대부터 유래한다. 오월동주로 알려진 월나라 왕 구천의 이야기를 배경으로 한 고월용산(古越龙山)도 유명한 황주다.

보드카(Водка)는 무색, 무취의 증류주다. 러시아어의 '물(Вода, 바다)'과 어근이 같다. 냉동실에 오래 넣어 두어도 얼지 않을 정도이기 때문에 냉동실에서 바로 꺼내어 매우 차갑고 끈적한 상태로 마시기도 한다. 러시아 사람들은 물론 러시아 서쪽의 폴란드, 우크라이나, 벨라루스, 라트비아, 에스토니아 등의 나라들도 보드가 벨트라고 불리울 정도로 보드카를 즐긴다. 특히 폴란드는 보드카가 자신들로부터 기원했다고 주장한다. 러시아 역시 보드카의 종주국이라고 자부한다.

유명한 러시아 보드카 루스키 스탄다르트(Русский Стандарт, 러시안 스탠다드) 병에는 러시아를 상징하는 독수리와 곰 그림이 맨 위에 자리를 잡고 있다. 이밖에 러시아의 스톨리치나야(Столичная), 벨루가(Белуга), 우크라이나의 네미로프(Немиров), 호르티차(Хортица), 스웨덴의 앱솔루트(Absolut), 미국의 스미노프(Smirnoff), 프랑스의 그레이 구스(Grey Goose) 등이 있다.

러시아는 2차 세계대전 당시 참전 남성의 다수가 전사해 수십 년간 남녀 성비가 불균형이었다. 게다가 보드카를 과음하는 러시아 남성이 많고 평균수명도 짧다. 러시아 여성들은 결혼할 러시아 남성을 찾기가 힘들다는 이야기가 있을 정도였다. 여성 100명당 남성 수를 따지는 국가별 성비를 보면 구소련 국가들이 하위권에 포진해 있다. 러시아 남성들은 그래도 보드카 마실 때 입으로는 '건강을 위하여(За здоровье, 자 즈다로뷔에)'라는 건배사를 잊지 않는다. 술자리 마지막 잔의 건배는 반드시 자신의 어머니, 누이와 아내를 생각하며 '여성을 위하여(За женщина, 자 젠쉬나)'를 외치고 들이켠다.

××××××××××××××××××××××××

러시아의 요새, 중국의 성곽

××××××××××××××××××××××××

나라마다 사정은 조금씩 다르지만 산업혁명 전까지 도시(都市)라 하면 정치하는 사람들과 장사하는 사람들이 모여 사는 곳이었다. 산업혁명 이후 공장이 지어지고 농·어촌의 노동력이 모여들기 시작한 곳에 도시가 발달했다. 오늘날 한 나라 안에서 도시인구 숫자가 차지하는 비율을 도시화율이라고 한다. 일반적으로 선진국이면 도시화율이 높다고 생각할 수 있는데, 반드시 그런 것은 아니다. 50% 정도의 도시인구 비율을 보이는 유럽 선진국이 있고, 90%가 넘는 개발도상국이 있다.

게다가 나라마다 도시를 규정하는 기준 인구수가 다르다. 유럽에서는 몇천 명만 넘으면 도시라 하기도 한다. 한국은 시·읍의 기준을 각각 5만 명과 2만 명 정도로 하며, 이보다 많은 숫자를 도시의 기준으로 삼는 나라도 있다. 여기서는 러시아·소련과 중국에서 어떻게 도시화가 이루어졌는지 그 특징은 무엇인지, 그리고 앞으로의 전망에서 두 나라의 비슷한 점과 다른 점을 알아본다.

러시아의 도시화는 영토확장과 관련이 깊다. 우랄산맥은 유라시아 대륙에서 유럽과 아시아를 가른다. 16세기 유럽의 러시아는 우랄산맥을 넘어 아시아 땅으로 동진하여 영토를 넓혀갔다. 그러면서 원주민이 살던 땅에 군사적 목적의 요새와 성채를 지었는데 이것이 훗날 도시로 발전했다. 그 시작은 우랄산맥을 남으로 우회하여 1586년에 건설한 튜멘(Тюмень)이다. 튜멘은 1954년에 유전이 발견된 곳인데 1893년이 되어서야 유럽-러시아로부터 철도가 이어졌다. 러시아인들은 튜멘에서 동쪽으로 더 나아가 1587년에 토볼스크(Тобольск)를 만들었다.

더 동진하여 1604년에 건설한 톰스크(Томск)는 시베리아 최대의 도시였다. 시베리아 철도는 톰스크의 습지대 방면을 횡단하기 어려워 톰스크 남쪽의 신생도시인 '노보시비르스크(Новосибирск)'를 지나게 되었다. 이후 톰스크는 시베리아 중심 도시의 지위를 '노보시비르스크'에 넘겨주었다. 동진은 계속되어 1628년에 '크라스노야르스크(Красноярск)'를 건설했다. '크라스노 야르스크'는 '붉은 강변'이라는 뜻이다. 크라스노야르스크를 가로지르는 예니세이 강변에서 사금을 채취했다. 1896년 즈음에 '노보시비르스크'로부터 '크라스노야르스크'에 시베리아 철도가 연결되었다.

동진의 속도가 빨라지며 불과 4년 만인 1632년 바이칼호를 훌쩍 지나 야쿠츠크(Якутск)가 건설되었다. 이 지역이야말로 러시아 연방 중에서 가장 넓은 땅이며 동토의 땅이다. 너무 북쪽이라서 시베리아 횡단철도로부터는 따로 지선이 연결되었다. 오히려 바이칼호 옆 도시 이르쿠츠크(Иркутск)는 야쿠츠크보다 늦은 1652년에 만들어졌다. 크라스노야르스크로부터 이르쿠츠크까지는 1898년에 철도가 이어졌다. 이르쿠츠크는 중국, 몽골과 가까운 지역이라서 국경 교역의 중심이다.

러시아의 아시아 방면으로 새로운 도시가 계속 건설되었다고 하더라도 러시아 인구의 대부분은 유럽 쪽 러시아에 살고 있었다. 17세기 말 표트르(피터) 1세는 개혁을 선포하고 서유럽을 시찰한 후 유럽과 아주 가까운 지역에 '상트 페테르부르크(세인트 피터스버그)'를 만들었다. 그리고 '유럽으로 열린 창(窓)'이라 하며 1713년 수도로 삼았다. 1703년 네바강이 핀란드만과 만나는 지역에 축조한 '페트로(피터) 파블로프스크' 요새가 '상트페테르부르크'의 시초다. 원래 미천한 신분이었다가 표트르 1세의 두 번째 부인이 된 예카테리나는 1725년 예카테리나 1세로 등극했다. 당시 유럽과 우랄산맥 사이에 건설된 도시의 이름 '예카테린부르크(Екатеринбург)'는 그녀의 이름을 딴 것이다. 이 도시는 훗날 소련 시절 최대의 중공업 도시로 모스크바와 상트페테르부르크 다음 정도의 경제 규모로 발전했다. 18세기와 19세기 러시아에 건설된 도시의 대부분은 유럽 쪽이었다. 한편 동쪽 끝 원동에도 1860년에 블라디보스토크가 만들어지는 등 도시가 개발되었다.

차르 러시아는 농촌 지역 농노의 거주이전을 엄격히 제한했는데, 19세기 후반 반란이 이어지며 농노제를 폐지하지 않을 수 없었다. 이후 러시아의 도시인구 증가 속도가 빨라졌다. 러시아에서는 1897년에 근대적 의미의 첫 인구조사가 이루어졌다. 100만 명 이상의 도시는 모스크바와 상트페테르부르크 두 곳, 10만 명 이상의 도시 20여 곳, 그리고 도시인구 비율은 13%였다.

1922년 소련 건국 이후에는 국가가 주도하는 공업화와 도시화가 급격하게 진행되었다. 소련은 1960년경 이미 도시인구 비율 50%를 넘었다. 소련이 붕괴된 1991년까지 100만 명 이상의 도시는 13곳, 10만 명 이상의 도시는 170여 곳이고 도시화율은 62%에 이르렀다. 구소련이 해체된 이후 일정 기간 동안 도시인구 비율은 오히려 줄어들었다. 경제가 불안정하며 도시에 살던 사람들이 귀촌, 귀향했기 때문이다.

러시아 도시의 특징은 짐작하는 바와 같이 도시 사이의 거리가 매우 멀다는 것이다. 유럽 쪽 러시아의 도시 간 거리는 대략 100km, 우랄지역의 도시 간 거리는 대략 150km, 시베리아 지역의 도시 간 거리는 대략 500km에 달한다. 그리고 가장 큰 도시인 모스크바의 인구는 두 번째 도시인 상트페테르부르크의 인구와 두 배 이상 차이가 난다. 한국의 제1 도시 서울, 제2 도시 부산 인구 상황과 비슷하다.

소련·러시아의 급속한 공업화와 도시화는 부작용을 남겼다. 주택 부족, 상하수도 미비, 환경오염 등이다. 또 국가가 주도한 공업화였기 때문에 하나의 도시가 단 하나의 주력 산업만으로 구성된 곳이 많았다. 해당 산업이 불황을 겪게 되면 그 도시의 경제가 한꺼번에 무너졌다.

러시아는 도시가 팽창하면서 주변 농촌을 편입하여 도시 주변부는 농지인 곳이 많았다. 특정 도시가 비대하게 발전하면 당국은 인위적으로 인구를 통제했다. 거주이전과 주민등록을 규제했다. 그리고 새로운 지역의 새로운 도시를 만들어 정책적으로 인구를 유입시켰다.

중국에서는 도시를 성시(城市) 또는 성진(城镇)이라고 부른다. 옛부터 성곽(城)과 도시의 연관성이 있음을 알 수 있다. 서안(西安) 성으로 가보자. 서안의 옛 이름이 장안(长安)이다. 관중(关中) 분지에 있다. 낙양(洛阳), 개봉(开封) 등 중원 땅에서 장안으로 가려면 삼문협(三门峡)을 통과하거나 남으로 돌아 진령(秦岭)을 넘어야 했기에 장안은 도시 방어에 유리했다. 중국 최초의 통일왕조 진나라와 당나라 등 10여 개 왕조가 수도를 장안에 정했다. 진나라의 시황릉, 아방궁, 당나라의 대명궁 등이 유명하다. 서안에서 시작해서 서쪽으로 이어진 실크로드를 통해 당나라의 상인들은 서역과 활발하게 교역했다. 현대 서안은 옛적 성곽을 중심으로 성 바깥쪽의 현대 시가지가 나뉘어 있다. 서안은 현대 중국 섬서성의 성회(省会, 성의 수도) 도시이자 중국 당국이 개발하는 중서부의 거점도시 중 하나다. 삼성전자가 이곳에 큰 반도체 공장을 만들었다. 시진핑 주석의 아버지 고향이 이곳이고, 시진핑 주석 본인도 고향을 말할 때 서안을 소개했다.

현대 중국 남경(南京)은 옛적 성곽 명성(明城)과 현대 시가지로 나뉘어 있다. 명(明)의 주원장은 남경을 수도로 삼았다. 남경은 명 이외에도 오월의 오(吴), 송(宋), 쑨원의 중화민국(中华民国) 등 10

여 개 왕조와 정부의 수도였다. 옛 이름은 금릉(金陵)이다. 장강(양자강) 하류의 물산이 풍부한 곳에 위치하며 강소성의 성회 도시이자 동부연안 경제권의 중심도시다. 한국 기업 중 엘지, 기아 등이 남경에 자리를 잡았다.

중국도 러시아처럼 농민, 농촌 위주의 사회였다. 그러나 소련과 다르게 1949년 중화인민공화국 건국 이후 국가 주도의 공업화 발전은 매우 더디었다. 그리고 중국의 인구 정책은 여전히 도시(城)와 향촌(乡)을 극도로 엄격히 이분법적으로 나눈 것이었다. 따라서 도시인구 비율 즉 도시화율의 진전도 아주 느렸다. 도시인구 비율은 1978년 개혁개방 직전 18%에 그쳤다. 중국 도시들의 경제구조도 '산업'과는 거리가 멀었다.

그러나 중국의 1978년 개혁개방 이후 도시화의 양상이 달라졌다. 소련 시절 국가가 주도한 공업화, 도시화와 비슷하다. 1997년에는 농촌 호적제도에 다소간 수정이 있었다. 농어촌에서 중소도시로는 호적 이전이 가능해졌다. 도시화율은 20세기 말에 30%를 넘어섰다. 알려진 바와 같이 중국의 인구조사는 현실적으로 매우 어렵기 때문에 정확한 도시인구 비율을 계산할 수 없지만 대략 2010년 전후로 50%를 넘어섰다.

국가가 주도한 공업화 이외에도 러시아와 중국 도시화의 공통점은 국가가 인구의 거주이전·주민등록을 의도적으로 통제했다는 것이다. 중국의 경우 지역적으로는 이미 발전한 동부연안 도시보다 중서부 지역 도시로 인구 유입을 유도했다. 또 중국 부동산 분야에서 사용하는 '~선 도시' 개념이 있는데, 대도시인 1선·2

선 도시보다 3선·4선 도시의 개발과 성장 정책을 앞세웠다. 중국도 러시아처럼 도시 팽창으로 주변 농촌이 편입되어 도시 주변부는 농지인 곳이 많았다. 도시화로 인한 환경문제, 주택문제 등의 부작용은 공통적이다.

중국이 러시아와 다른 점은 땅을 개인이 소유하지 못한다는 것이다. 기본적으로 중국 도시의 토지는 국유이고, 농촌의 토지는 집체 소유다. 그리고 농업집체에 소속된 농민은 도시로 이주한다고 하더라도 마음대로 소유권을 남에게 이전할 수 없다.

중국의 국무원은 신형 도시화 계획을 발표했다. 기본적으로는 도시인구 비율을 높이겠다는 정책이다. 1선·2선 도시에서 호적이 없는 농민공 등을 3선·4선 도시로 유도하는 것이 포함되었다. 중국이 도시인구 비율을 높여야 하는 이유가 있다. 도시인구 비율이 많아져야 내수소비가 늘어나고 그래야 국가 경제성장률을 유지할 수 있기 때문이다. 중국은 개혁개방 이후 외국의 해외직접투자(FDI)와 인구를 무기로 한 생산력으로 고속 성장해 왔다. 그런데 8%대 성장은 반드시 유지하겠다는 당국의 약속 '보팔(保八)'은 어려워졌고 이후 보칠(保七), 보육(保六), 보오(保五) 등으로 계속해서 내려갔다. 이것이 중국 당국이 정책적으로 도시화를 하는 배경이다. 2050년까지 70% 정도의 도시화율이 목표이다.

×××××××××××××××××××××××××

너에게 아파트를 줄게 -공우, 스탈린카, 흐루쇼프카

×××××××××××××××××××××××××

한국은 산업화, 도시화하면서 아파트가 주거 형태의 대안으로 자리를 잡았다. 작은 땅에 많은 사람을 수용할 수 있는 공동 주택을 지어 개인에게 분양하는 방식은 각 나라별로 그 비중과 표현하는 단어의 차이는 있지만, 한국의 아파트, 미국의 콘도, 영국의 플랫, 일본의 맨션 등 세계 곳곳에 있다. 일견 효율적이지만 차차 집단 슬럼화되는 등 각국에서 부작용도 만만치 않다.

세계에서 가장 광활한 러시아이지만 주거 형태 중 공동 주택, 소위 아파트의 비중이 매우 높다. 이렇게 된 데에는 두 가지 이유가 있다. 첫째, 많은 인구가 도시에 몰려 살다 보니 택지를 확보하기 쉽지 않았다. 둘째, 소련 시절 국가가 주택을 공급하면서, 많은 집을 빠르게 제공하기 위함이었다.

대표적인 것이 1950년대 말, 1960년대 초부터 소련에서 지어

지기 시작한 '흐루쇼프(Хрущёв)식 아파트'다. 러시아 사람들은 흐루쇼프식 아파트를 '흐루쇼프카(Хрущёвка)'라고 불렀다. 러시아어 접미사 к와 종결어미 а를 붙인 것이다.

흐루쇼프에 앞서 소련공산당 서기장을 역임한 스탈린은 소련을 공업화된 나라로 변모시키고자 했다. 공업화는 도시 인근에 공장을 건설하는 것으로 시작되었다. 도시 인근의 공장에 많은 노동자가 필요했으며 이들이 거주할 집이 있어야 했다.

임시방편으로, 몰수한 집 내부에 가벽을 만들거나 칸막이를 설치하여 많은 사람이 뒤섞여 살게 했다. 이것을 '코뮌의 공동 아파트' 즉 '코뮤날카(Коммуналка)'라고 했다. 워낙 생활하기 열악한 주거환경이어서 코뮤날카는 사람들에게 악명이 높았다.

한편 스탈린은 자신의 우군인 당 간부들과 성장의 주역인 과학·기술자들에게 '스탈린카(Сталинка)'를 새로 지어 살게 했다. 스탈린카는 6~8층 높이의 아파트로, 층고가 높고 코뮤날카와 견줘 고급스럽고 넓은 주거 공간이었다. 이를 따라 북한도 당 간부와 과학·기술자를 새 아파트에 살게 해 준다. 주택 이외에 스탈린 시기 대학과 관청 등 공공건물은 '스탈린식 건축'이라 하여 지금도 구소련과 동유럽, 중국에도 상당수 남아 있다. 모스크바 국립대학(Московский государственный университет им. М.В. Ломоносова) 건물이 대표적이다. '스탈린식 건축'은 과장되게 높은 첨탑이 특징이며 '스탈린의 엠파이어(Сталинский Ампир)'를 상징했다. 이러한 건물들을 '사회주의적 고전주의 건축', '스탈린 고딕 양식'이라고 부르기도 한다.

흐루쇼프는 전임 통치자 스탈린을 강력히 성토했다. 스탈린이 권력을 사유화했고, 무자비하고 불법적인 숙청을 벌였으며, 또 자신을 우상 숭배하도록 했다는 취지였다. 흐루쇼프는 스탈린 체제하에서 공급된 아파트도 노동자를 위한 것이 아니라 스탈린 주변 인물들을 위한 것일 뿐이며 스탈린식 공공건물도 과장되어 우스꽝스러울 뿐이라고 비판했다. 흐루쇼프는 노동자들의 주거를 위해 '흐루쇼프카 아파트'를 대량으로 지어 공급하기 시작했다.

'흐루쇼프카 아파트'는 몇 가지 종류가 있는데, 철근과 콘크리트로 지은 것, 벽돌을 쌓아 지은 것, 그리고 나중에 지어진 시멘트 패널을 이용하여 조립식으로 대량 건설한 것이 있다. 동유럽의 소련식 아파트 이름에 하나같이 '패널'이 들어가는 까닭이 이 때문이다. 패널을 이용하여 지을 경우 일정한 높이 이상으로 올릴 수 없었기에 5층짜리가 많았다. 그래서 흐루쇼프카의 별칭이 '5층짜리(Пятиэтажка)'다. 장점은 난방 설비가 잘 되어 있다는 것이었다. 겨울이 길어 석유와 가스 소비가 많은 러시아이지만 지하자원이 풍족하기에 난방 공급은 잘 되는 편이었다.

흐루쇼프카는 고작 방 1~3개에 조부모, 부모 그리고 자녀들까지 3대가 사는 경우가 많았다. 조립식 패널이기 때문에 방음도 잘 안 되었다. 그래서 만일 자녀가 친구라도 집으로 데리고 오면 조부모, 부모가 자리를 피해 밖으로 나가는 상황이 벌어졌다고 한다. 열악한 주거 문화는 여러 가지 양상을 수반했다. 예를 들어 러시아에 만연한 조혼 풍조도 결혼을 해야 집을 주던 소련 시기의 유산일 수 있다는 것이다.

이런 식으로 구성된 러시아의 공동 주택들은 아직도 남아 있다. 구소련 해체 후 새로 지어지는 아파트들은 고급화되기는 했으나, 여전히 밀집되어 있다. 한정된 주거 면적 탓이다. 통계 주체와 조사 시점에 따라 다소 다르지만 1인당 주거 면적으로 따져 한국, 일본은 세계 하위권이다. 그런데 큰 국토의 러시아와 중국의 1인당 주거 면적도 낮다는 점은 놀랍다. 각국으로 기업 주재원들이 파견될 때 각국의 주택 등 생활 여건과 비용을 지수화해 발표해주는 머서(Mercer)라는 회사가 있다. 이에 따르면 모스크바는 세계 최고 비용 도시 중 하나이고, 중국의 주요 도시도 고 체재 비용 지역에 속한다.

중국도 러시아처럼 아파트(公寓, 공우)의 비중이 매우 높다. 공우는 '공공 우소(公共寓所), 즉 공공이 거주하는 곳'의 줄임말이다. 중화인민공화국 건국 이전에도 상하이 등 대도시에는 공동 주택이 있었으나, 소련의 발자취를 따르고자 했던 건국 이후 전국적으로 더 많은 공동 주택이 지어졌다. 국가가 나눠준 집은 보장방(保障房)이다. 개혁개방 후 주택 거래가 허용되었고 이것을 상품방(商品房)이라고 했다. 상품방이라고 해도 공식적으로 토지의 소유권은 국가가 가지고 개인은 몇십 년간 토지 사용권을 갖는 형식으로 운용된다.

러시아 사람들은 주말에 아파트를 벗어나 교외의 다차(Дача)로 향한다. 다차는 러시아 사람들 상당수가 갖고 있는 주말 농장 겸 작은 별장이다. 제정 러시아 때에도 있던 문화인데, 1970년대 소련 정부가 다수 인민들에게 나눠 주었다. 러시아 사람들이 매우 즐기는 러시아식 사우나 바냐(Баня)가 구비된 다차도 많다. 바냐 안에서 자작나무로 몸을 두드리며 피로를 푼다. 농어촌, 산간의 전통적 주택 이즈바(Изба)는 통나무로 지어졌다. 그리고 카테쥐(Коттедж)는 원래 '오두막집'의 뜻이었는데, 현대 러시아에서는 '고급 단독 주택'의 의미로 바뀌었다.

중국에서 일반적인 집은 '민거(民居)', '주방(住房)'이라 한다. 중국의 전통적 주거 형태는 지역에 따라 다르다. 화북 지역은 사합원(四合院)으로 대표된다. 사합원은 가운데 중정을 중심으로 동서남북에 각각 박공지붕 거주공간을 배치한 집이다. 강남 지방 즉 강소·절강·안휘의 수향(水乡)마을 주택이나 휘파(徽派) 주택은 흰색 벽에 장식을 중시한 집이다. 남으로 더 내려가 광동 등 화남 지방은 뱀, 벌레를 피하기 위해 나무로 2층 이상 집을 만들어 살았다. 이 밖에도 초원 지역의 천막 주택과 복건성의 원형 '토루(土楼)' 집단 주거도 유명하다. 별서(别墅)의 원래 뜻은 별장이지만 의미가 바뀌어 러시아의 카테쥐처럼 고급 단독 주택 또는 단지형 주택을 나타낸다.

현대 중국인은 한국인과 마찬가지로 부동산에 자산을 집중한다. 온주(温州) 사람들은 단체로 자금을 모아 투자하는 것으로 유명하다. 아파트, 별서의 경우 한 집 한 집 사는 것이 아니라 한 동이나 단지를 확보한다고 알려졌다. 중국인들은 해외 부동산 구매에도 나섰는데, 이들 때문에 세계 각지 부동산 가격이 오르락내리락했다. 중국 내에서는 부동산 투자 광풍으로 인하여 중국 전역에 빈집, 빈 상가, 나아가 유령 도시화되는 사례가 속출했다. 중국

전역의 빈집 숫자가 수천만 채 이상이라고 보도되었다. 경기하강, 금융경색과 맞물릴 경우 거품 부동산은 가계와 국가 경제에 재앙이 된다.

집단 난방의 역사,
이제 에너지 협력으로

'찬바람이 불고 중국이 난방을 시작하면 한국 겨울철 미세먼지 농도가 더 높아진다.' 이러한 상관관계에 대해 중국은 일관되게 부인했다. 그런데 한국 국내 연구뿐만 아니라 다자간 연구들을 통해서도 중국의 공기질이 서풍을 통해 한국의 대기에 영향을 미친다는 것이 검증되었다. 현대의 중국인들도 자국의 대기오염을 '무매(雾霾, 안개와 흙먼지, 스모그)'라고 부르며 해결해야 할 과제로 인식한다. 중국 대기오염의 원인에는 공장, 자동차, 황사, 심지어 과도한 폭죽 사용까지 있는데 난방도 주요한 원인이라 하겠다.

중국어로 난방을 취난(取暖) 또는 채난(采暖)이라고 한다. 중국은 국토가 종단, 횡단으로 넓어서 지역에 따라 기온의 편차가 크고 고래로 난방의 방법도 다양했다. 한반도에서는 근대 이전까지 벽돌로 쌓은 집이 일반적이지 않았지만 중국에는 '벽돌로 쌓은(砖

砌)' 집들의 역사가 제법 길고, 아궁이(灶)의 연기와 열기를 벽돌 사이의 빈 공간에 통과시켜 따뜻함을 얻는 '불벽(火墻, 화장)' 난방법이 있었다고 전해진다.

일본 제국주의의 영향을 받은 중국에서도 연탄을 사용했다. 연탄은 중국어로 벌집탄(蜂窩煤, 봉와매)이며 난방과 취사에 모두 쓰였다. 그리고 우리가 조개탄이라고도 하는 알탄(煤球, 매구)도 사용되었다. 연탄 때문에 과거 한국에서처럼 중국에서도 일산화탄소(一氧化碳) 중독 사건이 잦았다. 과거 한국에는 구멍 아홉 개의 구공탄(九孔炭) 등이 있었으나 일반적인 연탄 구멍은 22개였다. 중국의 연탄은 구멍이 7개, 9개, 12개, 19개, 32개 등 다양하다.

한편, 중화인민공화국 건국 당시의 소련은 매서운 겨울이 길기도 하거니와 사회주의 국가답게 정부 주도의 세계 최대 규모 집단 난방이 시행되고 있었다. 물론 소련 전역이 해당되는 것은 아니었지만 웬만한 도시의 주민들은 이 집단 난방을 공급받았다. 당시 소련 집단 난방 시스템의 건설, 유지보수, 관리를 담당하는 인원만 이백만 명이라고 했다.

소련·러시아의 시골에서는 벽돌을 쌓아 만든 페치카(Печка)를 난방과 요리에 사용했다. 이것은 과거 한국 군대 내무반에 있던 '페치카'의 원형이다. 페치카는 '루스까야 페치(Русская Печь, 러시아 스토브)'에 러시아어 접미사 к와 종결어미 a가 붙은 말이다. 페치카는 연기와 열기의 통로를 일부러 벽돌 미로로 꾸며 난방 효율을 높였다. 이 벽돌 미로를 활용하여 훈연 음식도 만들었다.

소련은 지역별 기온차가 큰데, 도시에 따라 10월 1일부터 집단 난방이 시작되었다. 해당 지역의 기온이 5일 연속 섭씨 8도 이하로 떨어지면 집단 난방이 개시되고, 탁아소, 학교, 병원에는 더 빨리 들어갔다. 집단 난방은 실내에 있는 라디에이터를 통해 이루어졌다. 석유와 가스가 풍족한 소련이었기 때문에 집단 난방이 공급되면 실내 온도가 섭씨 25도에 이르렀다. 그래서 엄동설한에도 실내에서는 얇은 옷으로 지내는 사람들이 많았다. 구소련 해체 후 러시아에서도 이 난방시스템은 유효했고, 가스값이 싸기 때문에 난방비는 저렴했다.

겨울이 긴 소련·러시아는 도시에 따라 최장 5월까지 집단 난방이 공급되었다. 라디에이터는 주철로 되어 있는 것이 많았다. 이 밖에 강철, 알루미늄, 그리고 알루미늄과 구리의 합금으로 만든 것도 보급되었다. 난방 설비를 유지보수하기 위해서 산성 화학물질을 써야 했는데 이것이 인체나 환경에 좋지 않은 영향을 주었다는 의견도 만만치 않았다.

아무튼 1950년대의 중화인민공화국은 소련처럼 집단 난방(集中供暖, 집중공난) 시스템을 도입하기로 했다. 소련과 마찬가지로 라디에이터(散热器, 산열기)와 스팀(暖气, 난기) 방식이었다. 일부 바닥난방(地暖, 지난) 방식도 있었다. 그런데 중국의 집단 난방은 주로 석탄을 연료로 사용하고 집단 난방의 규모가 방대하기 때문에 대기오염의 주된 원인으로 지목되었다. 석탄을 때면 황산화물, 질소산화물과 이산화탄소 등이 배출된다. 한편 중국 집단 난방은 소련처럼 연료를 풍족하게 쓰지 못했기 때문에 겨울철 실내온도는 그리 높지 않았다.

소련을 벤치마킹하면서 중국 당국은 중국 전역을 '엄한(严寒, 매우 추운)', '한랭(寒冷)', '하열동냉(夏热冬冷, 여름에 덥고 겨울에 추운)', '하열동난(夏热冬暖, 여름에 덥고 겨울에 온난)', '온화(温和)'의 5개 지역으로 구분하고 '엄한'과 '한랭'의 두 지역에만 집단 난방 설비를 만들기로 결정했다. 중국은 소련만큼 그렇게 온 나라가 춥지 않기 때문이었다.

딱 맞아떨어지지는 않지만, 중국 당국이 정한 '엄한'과 '한랭' 지역은 중국 고래의 강남·강북 개념에서 강북과 비슷하다. 강남·강북 개념의 경계선은 강소성, 안휘성 등을 서에서 동으로 흐르는 회수(淮河)다. 우리가 잘 알고 있는 '강남에 있던 귤나무를 회수 북쪽으로 옮겨 심으면 탱자가 열린다'는 '귤화위지(橘化爲枳)' 이야기의 배경이 회수다.

문제는 회수 이남 즉 강남의 '하열동냉(여름에 덥고 겨울에 추운)' 지역 주민들이었다. 이 지역에는 아예 겨울 난방 시설이 없었다. 여름에 더운 것이야 그렇다 하더라도, 겨울에 추운 것을 견디기는 힘들었다. 오죽하면 '강남 사람들이 겨울에 난방하는 방법은 떨리는 몸을 스스로 더 떨어서 체온을 높이는 것이다'라는 우스갯소리가 나왔다.

개혁개방 후 강남 지역 건물에 에어컨이 설치되기 시작했는데 온풍 기능까지 내장되어 겨울에 그나마 따뜻한 바람으로 한기를 면하게 되었다. 그러나 강북의 집단 난방에 비해 높은 전기료는 부담이었다. 앞서 말했듯 개혁개방 후 매매가 허용되는 아파트 즉 상품방이 생겼다. 중국의 집 분양은 뼈대 상태에서 이루어지며 그 이후의 시공 즉 난방, 수도, 전기, 소방, 방수, 통풍, 벽체, 목공, 바닥, 천장 등 내장 설비는 장수(装修)라고 해서 집주인이 한다. 이때 한국식 온돌(暖炕·난항, 火炕·화항)이 차츰 인기를 얻게 되었다. 가스(燃气, 연기)로 가동하는 벽걸이 보일러(壁挂炉, 벽괘로)도 보급되었다.

최근 중국에서는 석탄 대신 가스 소비량이 많아졌다. 중국 강북의 '엄한'과 '한랭' 두 지역에서 행해지는 집단 난방이 대기오염의 큰 원인이라는 인식이 확산되면서 연료를 '석탄에서 가스로 바꾸는(煤改气, 매개기)', 또는 '석탄에서 전기로 바꾸는(煤改电, 매개전)' 작업이 이루어졌다. 이 와중에 중국과 러시아의 에너지 협력은 강화되었다. 러시아 시베리아에서 중국으로 바로 가스관을 놓아 러시아의 천연가스를 중국에 공급하는 프로젝트가 개통되었다. 중국석유(Petro China)의 '중·러(中俄) 천연가스(天然气) 파이프라인(管道) 연결구(焊口)'가 그것이다. 중국은 이 프로젝트와 안정적 국가 에너지 수급을 전담할 석유·가스 파이프라인 전담기업(国家石油天然气管网集团有限公司, 국가 석유 천연가스 파이프망 집단유한공사)을 새로 만들었다. 중국은 국제 제재하의 러시아 에너지를 구입하면서 중·러가 서방의 대척점에 있음을 보여 주었다. 한편 러시아에 에너지 의존도가 높은 유럽은 국제 제재 이후 전기, 가스 요금이 급등했다.

선전 영화 <전함 포텐킨>과 <건국대업>

세계 영화 시장에서 중국의 영향력이 커졌다. 이미 매출액 측면에서 가장 큰 시장이 되었으나 국민 1인당 연간 영화 관람 횟수를 따져보면 아직 성장 잠재력이 남아 있다. 세계 영화계로서는 중국 영화 시장에 더 신경쓰지 않을 수 없다. 그래서 영화를 제작할 때부터 중국 영화 시장을 노리는 영화사가 늘어나고 있다.

우선 세계 각국 영화에 출연하는 중국 배우가 많아졌다. 속 보이는 노릇이기는 하지만, 중국 배우의 비중을 더 높인 중국 개봉용 편집본을 따로 만든 영화도 있었다. 그리고 중국을 촬영 배경으로 한 제작이 늘었다. 다음으로 중국 관객들이 좋아할 만한 요소, 즉 이야기의 구조상 중국이 결정적 역할을 한다든지 중국인의 기여, 기술, 선의 등으로 문제를 해결한다든지 하는 전개가 있기도 했다.

한편 중국이나 중국인이 적대국, 적군, 악역으로 등장하는 내용과 장면은 편집되거나 수정되었다. 그렇지만 할리우드 영화에서 오랜 기간 동안 서방의 적대국, 적군, 악역으로 상징화되었던 소련과 러시아의 모습은 변화가 적다.

19세기 말 중국에 최초로 영화가 들어왔을 때 사람들은 이것을 '서양 영희(影戲)'라고 했다. 영희는 중국의 그림자극이다. 당시 중국인들이 신문물 영화를 이해했던 방식을 엿볼 수 있다. 현대 중국에서는 영화를 전영(電影) 또는 영편(影片)이라고 한다. 줄곧 영희의 '그림자 영(影)'자를 쓰고 있다. 일본이나 한국에서 영화(映畫)를 표기할 때 '비출 영(映)'자를 쓰는 것과는 다르다.

20세기 초 중국이나 러시아 모두 영화는 당시 무대에 올려졌던 경극이나 예술공연을 필름에 담는 것에서 시작되었다. 그러나 러시아의 경우 소련 건국 후 1919년 레닌이 모든 영화 제작의 국유화를 선언하면서 영화는 정치적 도구로 쓰이는 것이 첫 번째 임무가 되었다.

러시아(소련) 영화 중에서 선전(프로파간다) 영화의 대표이면서 동시에 세계 영화사에 큰 족적을 남긴 영화가 1925년 제작된 <전함 포템킨(Броненосец Потёмкин, 빠쫌킨)>이다. 세르게이 에이젠슈타인 감독은 그 유명한 오데사 계단의 민간인 학살 장면을 표현하면서 최초로 몽타주 기법을 도입했다. 이 영화는 1905년 흑해 북쪽의 우크라이나 항구 도시 오데사(Одесса)에서 전제 차르의 육군이 저지른 폭압적 행태를 표현함으로써 프롤레타리아 혁명의 정당성을 강화하고 프로파간다에 기여했다. 영화에서처럼 오데사

항에 정박한 러시아의 대형 군함 포템킨호 수병의 반란과 이에 호응한 시민이 일으킨 봉기는 현실 역사에서도 혁명의 도화선이 되었다.

소련에 이어 1949년 '신중국'을 세운 중국도 마찬가지였다. 중국에서는 이렇게 당의 선전 목적에 부합하는 영화를 '메인 멜로디(주선율, 主旋律)' 영화라고 한다. 중국에서 주선율 영화가 주류로 대접받는 것은 개혁개방 이후 시장경제 체제에서도 변함이 없다.

21세기를 여는 대표적인 주선율 영화로 2009년 개봉한 <건국대업(建国大业)>이 있다. 1949년 중화인민공화국 건국의 60주년 기념 헌정 영화라고 할 수 있다. 영화는 1945년 2차 세계대전 종전 이후부터 1949년까지 중국 대륙에서 마오쩌둥, 저우언라이, 류사오치 등의 공산당이 장제스(蔣介石), 장징궈(蔣經國) 등의 국민당을 제압하고 '신중국'을 건국하는 과정을 담았다. <대결전(大决战)>, <개국대전(开国大典)> 등도 주선율 영화의 범주에 들어간다.

또 다른 대표 주선율 영화 <건당위업(建党伟业)>은 중국공산당 창당 90주년 기념 헌정 영화라 하겠다. 청나라 왕조가 무너진 1911년 신해혁명으로부터 1921년 상하이에서 중국공산당이 창당된 10년간의 이야기를 그렸다. 오우삼, 판빙빙, 한경, 유덕화, 양가휘 등 100명이 넘는 대륙과 홍콩의 주연급 배우들이 총출동했다. 주윤발은 원세개(위안스카이) 역으로 등장했다. 당초부터 <건당위업>에 캐스팅되어 촬영까지 마쳤던 탕웨이의 출연장면은 개봉 전 삭제되었다. <색, 계> 등 선정적 영화에 출연했던 전력이 있는 배우가 '주선율' 영화에 출연하는 것을 당국이 문제삼았다는 이야기가 있다.

한국이나 미국이나 또는 어느 나라든 연예인이 정치에 이용되거나 또는 연예인 스스로 정계에 발을 딛는 일이 다반사다. 하지만 중국의 경우는 잘못되면 연예인 본인이 큰 내상을 입게 된다. 잘나가던 판빙빙은 탈세 그리고 미확인된 정가의 사건에 연루되어 구금되었다가 겨우 풀려났다. 판빙빙이 출연한 영화는 개봉이 금지되기도 했다. 한편 중국의 주요 정치기구인 정협(政协)이나 인대(人大)의 전현직 위원이었던 영화계 인사로는 성룡, 주성치, 궁리, 천다오밍, 장이머우, 빙소강 등이 있었다.

중국 영화가 국제적으로 상을 받은 것은 1935년 모스크바 영화제에 참여했던 <어광곡(渔光曲)>이 최초다. 중국 어촌의 어부와 선주 집안 이야기다. 그리고 1988년 베를린 영화제에서 <홍고량(红高粱)>이 황금곰상을 수상하면서 중국 영화는 본격적으로 국제무대에 알려졌다. <홍고량>은 일본 침략 시기 고량주 주가의 흥망과 일제의 압제를 그린 영화로 원작은 노벨문학상 수상자 '모옌(莫言)'의 소설이다. 궁리 주연, 장이머우 감독 연출이다.

장이머우(张艺谋) 감독은 중국을 대표하는 감독으로 '주선율' 영화뿐만 아니라 <영웅>, <진링의 13 소녀> 등 상업적으로도 성공작을 많이 남겼다. 그는 영화 말고도 베이징 올림픽 하계·동계 개막식 총감독을 맡았고, 그가 주도한 야외 공연 프로젝트 '인상(印象)' 시리즈는 항주의 유명한 '인상서호(西湖)' 외에도 여강(丽江), 해남도 등 여러 곳에 있다. 인상 시리즈는 해당 지역을 상징하는 곳의 야외에서 공연이 이뤄지는데 예를 들어서 <인상서호>는 항주의 서호, 실제 호수 위에서 공연이 펼쳐졌다.

×××××××××××××××××××××××

러시아 발레와 중국 발레

×××××××××××××××××××××××

모스크바나 상트페테르부르크는 높은 수준의 러시아 발레단이 자리를 잡고 있다. 8월에는 휴가철로 발레 극장이 휴관할 수 있고 5월부터 11월까지는 유명 발레단들이 뉴욕, 런던, 파리, 도쿄 등지 월드투어 공연 관계로 러시아를 비우는 때가 많아 관람에 유의가 필요하다.

뉴욕 시티 발레단, 런던 로열 발레단, 파리 오페라 발레단 등과 함께 세계 발레를 이끄는 러시아의 모스크바 볼쇼이(Большой, 발쇼이) 발레단이나 상트페테르부르크 마린스키(Мариинский) 발레단은 매년 12월부터 이듬해 1월 초순까지는 <호두까기 인형(Щелкунчик)> 레퍼토리에 집중하는 편이다. <호두까기 인형>은 크리스마스를 배경으로 하고 있고 어린이들이 좋아할 만한 요소를 담고 있다. 때문에, 연말연시에는 사랑하는 어린이의 손을 잡고 <호두까기 인형> 발레를 즐기러 가는 것이 하나의 정형화된 문화라 하겠다.

서방세계의 그레고리력 1월 7일은 율리우스력으로 계산한 러시아의 크리스마스(Рождество Христово)가 된다. 그리고 서방세계의 그레고리력 1월 14일이 율리우스력 러시아의 새해이기 때문에, 볼쇼이 발레와 마린스키 발레의 <호두까기 인형> 공연은 새해 1월 초·중순까지 이어진다. <호두까기 인형>은 <백조의 호수>, <잠자는 숲속의 공주>와 함께 러시아 작곡가 표트르 차이콥스키(Чайковский, Пётр Ильич)의 3대 발레 중 하나다.

이탈리아에서 시작되었다는 발레는 17세기와 18세기 프랑스 궁정 예술로 자리 잡았다. 그런데 발레는 18세기 러시아로 와서 크게 발전했다. 러시아의 표트르(Пётр) 1세는 오스만, 스웨덴과의 전쟁에서 승리했을 뿐만 아니라 수도를 유럽과 가까운 상트페테르부르크에 두고 러시아를 유럽화하려고 애썼다. 표트르 1세의 재위 후 1738년 만들어진 황실 무용학교가 러시아 최초의 발레단이고 이것이 뒤에 상트페테르부르크 마린스키 발레단이 되었다.

마린스키 발레단은 차르 알렉산드르 2세의 부인 이름을 따서 만들어졌다. 러시아가 소비에트화된 이후에는 상트페테르 '부르크(버그)'라는 유럽식 이름이 러시아식으로 도시, 성을 뜻하는 '그라드(Град)'를 붙인 '페트로 그라드'가 되었다가 이내 레닌을 기념한 '레닌 그라드'로 바뀌기도 했다. 마린스키 발레단의 이름도 볼셰비키 혁명가의 이름을 기려 키로프 발레단으로 바뀌었다가 구소련 붕괴 이후에 다시 마린스키 발레단으로 회복되었다. 푸틴은 고향이 상트페테르부르크여서인지 마린스키에 대한 관심이 각별하다. 마린스키 극장은 2013년에 2관 극장을 신축해서 함께 활용하고 있다.

소련 시기 마린스키 발레단은 1961년부터 해외 공연도 하게 되었다. 그러면서 유명한 발레리노 '미하일 바리시니코프'가 1974년에 캐나다 공연 중 망명한 것처럼 서방으로 망명하는 무용수가 종종 생겼다. 미하일 바리시니코프의 망명 이야기는 <백야>라는 영화로도 만들어졌다.

소비에트화된 러시아는 수도를 상트페테르부르크에서 모스크바로 옮기게 되었고, 모스크바에 있는 '볼쇼이 발레단'도 따라서 힘을 더 얻게 되었다. 볼쇼이는 '큰'이라는 뜻이다. 1776년 만들어진 발레단이 전신이고 1825년 모스크바 볼쇼이 극장을 인수하면서 볼쇼이 발레단이 되었다. 계속 사용하던 구극장을 '역사적 무대'라고 부르며, 2002년 개관한 '새 무대' 극장도 사용한다.

모스크바 볼쇼이 발레단은 상트페테르부르크 마린스키 발레단보다는 상대적으로 더욱 러시아풍이면서 소비에트 사상을 고취하는 이른바 모스크바 스타일의 작품들을 다루어 왔다. 대표적으로 모스크바에서 초연되었던 <스파르타쿠스>는 로마 노예의 반란 이야기를 다루고 있는데, 남성 무용수들의 강인한 동작을 강조한다.

중국은 이러한 소련의 발레를 받아들여 사회주의 선전과 사상적 고양에 동원했다. 1960년대에 만들어지고 공연된 발레 <홍

색 낭자군(红色娘子军)>과 <백모녀(白毛女)>의 '홍백 발레'가 대표적이다. <홍색 낭자군>은 1930년대 중국 남부의 섬 해남도에서 반봉건, 남녀평등을 부르짖으며 생겨났다는 여성혁명군을 다루었다.

<백모녀>는 1940년대 중국 하북성에서 있었다는 이야기를 바탕으로 만들어진, 역시 '중국 민족화 발레'다. '노비로 살아가던 집안의 딸이 지주의 첩으로 능욕을 당할 운명을 거부하고 심심산골로 도피하여 풍찬노숙을 한다. 고생하다 보니 머리는 백발이 되었으나 일종의 초능력을 갖게 되었고, 후일 혁명군에 들어가 젊은 애인과 함께 큰 무공을 세운다'는 줄거리다. 이야기의 배경인 하북성 천계산(天桂山) 동굴에 백모녀가 재현되었고, 중국공산당 혁명을 선전하는 '홍색(红色) 관광지' 중 하나가 되었다.

중국에서 발레를 전공할 수 있는 대학은 베이징무도학원, 상하이희극학원, 심양음악학원 등이 있다. 전문적인 발레단도 중앙발레단, 상하이 발레단, 광주 발레단, 요녕 발레단 등 많다. 한국 못지않게 자녀 교육열이 뜨거운 중국 학부모들에게 발레가 큰 관심을 끌었다고 한다. 아이에게 발레를 가르치면 협동, 인내의 정신을 심어줄 수 있고 더불어 체형이 좋아진다고 하여 발레 교습이 인기를 얻고 있다.

××××××××××××××××××××××××

엘리트 체육으로 체제 우월성을

××××××××××××××××××××××××

중국어로 올림픽을 '아오린피커(奥林匹克) 운동회(运动会)' 또는 줄여서 '오운회(奥运会)'라고 한다. 올림픽은 1896년 제1회 근대 올림픽이 열렸던 그리스를 필두로 서유럽과 미국이 개최를 도맡았다. 1964년에 일본이 구미 이외에서 최초로 올림픽을 열고 선진국으로 도약한 것으로 알려져 있다. 하지만 사실 일본은 1940년 도쿄 하계올림픽과 삿포로 동계올림픽의 개최권을 따놓았을 정도로 앞서가고 있었다.

1940년 도쿄 하계, 삿포로 동계올림픽을 국제적 논란거리로 만들어 결국 개최를 불발시킨 것에는 중국의 작용이 크다. 일본은 1932년 만주를 점령하고, 없어진 청나라의 마지막 황제 푸이를 만주 괴뢰국의 집정(执政)으로 앉혔다. 일본은 이에 그치지 않고 1937년 베이징 근처 노구교에서 벌어진 소란을 트집 삼아 전면적 중일전쟁을 일으켰다. 중국은 전쟁국가 일본의 하계·동계 올림픽 개최권을 박탈해 달라고 국제올림픽위원회에 청원을 거듭했다. 결국 개최권은 핀란드 헬싱키로 넘어가기에 이르렀다. 그리고 이마저 2차 세계대전 중 소련이 핀란드와 전쟁을 벌이면서 완전히 취소되었다.

훗날 일본은 1940년 취소되었던 도쿄와 삿포로의 올림픽을 각각 1964년 하계, 1972년 동계로 결국 개최하면서 아시아에서 올림픽을 최초로 연 나라가 되었다. 그러나 1956년에 호주 멜버른이 올림픽을 열었기 때문에 '서유럽, 미국 이외 올림픽 최초 개최국' 칭호는 호주가 가져갔다. 일본은 1996년에 나가노 동계올림픽을 개최했고, 2020년 도쿄 하계올림픽은 전염병 탓으로 2021년에 열었다.

일본에 이어 중남미의 멕시코와 북미의 캐나다가 각각 1968년 멕시코시티, 1976년 몬트리올 하계 올림픽을 열었고, 이어서 1980년 드디어 제이 세계 소련이 모스크바올림픽을 개최했다. 그러나 모스크바올림픽은 소련의 아프가니스탄 침공을 이유로 미국을 비롯한 서방 대부분의 나라들이 불참한 반쪽 대회로 남았다.

스포츠에 대한 소련의 국가적 집착은 대단했다. 당국이 주관하여 엘리트 스포츠를 육성했다. 소련은 스포츠 방면에서 서방 세계 특히 미국과 경쟁을 할 만하다고 판단하여 1952년 헬싱키올림픽에 최초로 참가했다. 소련은 헬싱키에서 금, 은, 동메달을 합쳐 가장 개수가 많은 미국에 겨우 다섯 개 뒤진 메달 숫자로 대회를 마쳐 성공적으로 올림픽 무대에 첫 등장했다.

소련의 국가 스포츠 육성은 초등학교의 유망주 발굴부터 국가대표 집중 훈련에 이르기까지 체계적이었다. 가장 유명한 체육 특수 대학은 '모스크바 국립 중앙 체육학원'이었다. 이를 정점으로 구소련 해체 직전에는 100여 곳의 체육대학, 40여 곳의 기숙 체육학교, 5,000여 곳의 소년 체육학교를 두고 있었다.

미국과 체제 경쟁을 벌이던 1950년대 이후 소련은 '올림픽 전략'을 국가 차원에서 가동하여 사회주의 체제의 우수성을 과시하고자 했다. 소련의 올림픽 무대 최초 등장, 겨우 4년 뒤인 1956년 멜버른올림픽에서 금메달 수, 전체 메달 합산 등 모든 면에서 미국을 제치고 1위가 되었다. 이러한 소련의 우세는 1960년 로마올림픽까지 이어졌다.

1964년 도쿄올림픽에서는 미국이 분발하여 금메달 수는 앞섰으나 전체 메달 수는 여전히 소련이 많았다. 그 후 소련과 미국은 매 올림픽에서 엎치락뒤치락하며 선두 경쟁을 벌였다. 마치 두 나라가 군사, 우주탐사 등 전 분야에서 체제 경쟁을 벌인 것의 축소판인 듯했다.

스포츠에 집중투자한 소련이 미국을 결정적으로 압도한 올림픽은 1988년 한국 서울에서였다. 서울올림픽은 1980년에 서방이 대거 불참한 모스크바올림픽, 1984년에 일부 사회주의 국가들이 불참한 LA올림픽에 이어 동서 양 진영 나라들이 본격적으로 다시 맞붙은 올림픽이었다. 결과적으로 소련은 미국을 금메달 수 55:36, 전체 메달 수 132:94로 눌렀고, 미국은 인구 2천만 명이 안 되는 사회주의 동독에도 뒤진 3위로 내려앉았다. 서울올림픽에서는 동독 이외에도 사회주의 체육 강국 헝가리가 6위, 불가리아 7위, 루마니아 8위 등 소련의 동구권 위성 국가들이 대거 상위권을 차지했다.

구소련 해체 이후 러시아의 스포츠 성적이 예전 같지는 않다. 그러나 국가 차원에서 스포츠를 강조하는 기조는 여전하다. 푸틴은 2014년 소치 동계올림픽, 2018년 러시아 월드컵을 연이어 개최하는데 앞장섰다. 소치(Сочи)는 흑해 동부 연안에 위치하여 러시아에서 가장 따뜻한 아열대 휴양도시다. 배후의 캅카스(Кавказ) 산맥에서 설상 종목이 열렸다. 영어로는 코카서스산맥이라고 하는데 5,000미터대 산들이 즐비하다. 한편 국제 스포츠 무대에서 러시아에 대한 인식과 대접은 차갑다. 러시아 선수의 금지약물 복용에 대한 혐의가 깊기 때문이다.

중국은 중화인민공화국 건국 이전 중화민국의 이름으로 1932년 LA, 1936년 베를린, 1948년 런던올림픽에 참가했다. 1952년 헬싱키올림픽을 앞두고 중화인민공화국(중공)과 중화민국(대만)의 국제 스포츠외교 무대 대결장 양상이 펼쳐졌다. 대만은 이 대회에 불참했다. 중화인민공화국 선수단은 헬싱키올림픽 초청장을 늦게 받고 대회에 10여 일 늦게 도착했지만 어쨌든 올림픽 무대에 첫선을 보인 셈이 되었다.

국제올림픽위원회는 이후 1954년 회의에서 정식으로 중국 대륙의 가입을 허용했다. 단, 조건은 대만과 함께 자격을 유지하는 것이었다. 국제올림픽위원회는 명칭도 정해주었다. 하나는 중국

베이징, 하나는 중국타이베이였다. 이에 반발해 중화인민공화국은 1956년 멜버른올림픽부터 1976년 몬트리올올림픽까지 불참했다. 1980년 모스크바올림픽은 다른 이유로 가지 않았다. 중화인민공화국이 국제올림픽위원회로부터 '중국올림픽위원회' 이름을 정식으로 부여받고 참가한 1984년 LA 하계올림픽에서는 4위를 차지했고, 2004년 아테네올림픽에서는 금메달 순위로 러시아를 제치고 미국에 이어 2위에 올랐다.

중국은 2008년 8월 8일 베이징 하계올림픽을 열었다. 이 대회에서 중국은 금메달 수에서 세계 1위를, 미국은 총 메달 수에서 세계 1위를 차지했다. 중국은 2015년에 2022년 베이징 동계올림픽 개최권을 따냈다. 코로나 팬데믹으로 동계올림픽에 관한 잡음이 끊이지 않았으나 이로써 베이징은 세계 최초로 하계·동계 올림픽을 모두 연 도시가 되었다.

베이징의 올림픽 주경기장은 모양 때문에 '새 둥지(鸟巢)'라는 별명으로 불린다. 그 옆의 푸른색 입방체 모양 건물은 하계올림픽 '국가 수영 중심'이다. 별칭은 '수입방(水立方)'이다. 하계올림픽에 사용했던 베이징 시내 경기장들을 동계올림픽 빙상 종목에 재활용하여 '수입방'은 컬링(冰壶, 빙호) 경기장이 되었다. 동계올림픽 설상 종목이 열리는 베이징 북서쪽 장가구(张家口)와 베이징은 175km 거리의 고속철도로 이어졌다.

시진핑 총서기는 공산당 당대회 보고에서 체육 강국 건설을 주창했다. 시진핑은 대단한 축구 애호가로 알려져 있다. 중국의 기업과 기업가들은 이러한 분위기를 감지하여 세계 축구 마케팅에 투자하고 유명 클럽의 지분을 높였다. 완다(万达)그룹은 현대기아차와 함께 FIFA 공식 파트너를 했다. 중국은 아틀레티코 마드리드, 인터밀란, AC밀란, 맨체스터 시티, 웨스트 브로미치, 올림피크 리옹 등의 클럽 지분에 참여하기도 했다.

중국에서는 축구를 족구(足球)라 한다. 국가대표 축구팀(国足, 국족)은 용(龙)과 봉황(凤)을 휘장으로 쓴다. 각 연령별 대표팀은 리피, 밀루티노비치, 카마초, 히딩크 등 세계적 유명 감독들을 초빙했다. 중국 당국은 축구발전 관련 소조를 만들고 2015년에 '중국축구 개혁발전 총체방안(中国足球改革发展总体方案)'을 시작했다. 축구협회와 리그의 개편, 유소년 육성, 월드컵 본선 진출, 월드컵 유치 등의 과업을 달성하는 데 국가가 나섰다. 여자축구 국가대표는 여족(女足)이라고 부르는데, 남자대표보다 성적이 뛰어나다.

××××××××××××××××××××××××

러시아인에게 여행지는 따뜻한 곳이 우선

××××××××××××××××××××××××

튀르키예로 여행을 가는 관광객이 급증한 바 있다. 어느 나라의 화폐 가치가 폭락하면 쇼핑, 관광을 상대적으로 저렴하게 즐기려는 외국인들이 몰리기 때문이다. 본디 튀르키예는 러시아 사람들이 가장 선호하는 여행지였다. 튀르키예 입장에서도 인바운드 관광객의 10% 이상이 러시아 사람들이었다. 그래서 러시아와 튀르키예 사이에는 항공편이 많았다. 러시아 사람들이 좋아하는 관광지의 조건 중에서 가장 중요한 것은 기후다. 우선 따뜻해야 한다. 춥고 긴 겨울을 보내야 하는 러시아 사람들에게는 따뜻함이 우선이다. 튀르키예 남부 지중해 연안의 안탈리아 지방에 가면 러시아어 안내문이 흔했다. 러시아 관광객이 많아서였다. 연중 온화한 안탈리아의 서남쪽은 그리스의 크레타섬, 동남쪽은 키프로스섬이다.

여행 선호도와는 무관하게 러시아와 튀르키예는 사이가 나빴다가 좋았다가를 반복했다. 여느 국제관계와 마찬가지다. 하지만 나빴던 때가 좋았던 때보다 더 많다. 지난 수백 년간 러시아와 튀르키예는 10여 차례 이상 전쟁을 치렀다. 러시아의 주류 사회는 기본적으로 튀르키예를 싫어했다. 오스만 튀르크가 동로마 제국을 멸망시켰다고 생각했다. 러시아는 동로마 제국 이후에 스스로 동로마 제국의 적통, 적자를 자처했다. 동로마에 이어 러시아 정교(正教)가 현존 기독교의 '정통(Orthodox)'이라 주장한다. 그래서 정교다. 러시아를 비롯한 슬라브권이 사용하는 문자도 연원은 그리스 키릴 문자에서 비롯되었다. 2015년 튀르키예가 시리아 상공에서 러시아 전투기를 공격했다. 튀르키예는 시리아와 접경하고 있고 튀르키예와 러시아가 각각 지원하는 시리아의 세력이 다르기 때문에 이해관계가 엇갈렸다. 전투기 교전 후 튀르키예와 러시아의 관광 교류는 뚝 끊겼다. 2016년 한 튀르키예인이 '시리아를 잊지 말라'는 구호를 외치고 튀르키예 주재 러시아 대사를 살해한 사건이 벌어졌다. 이 대사는 전 북한 주재 러시아 대사였다. 그러다가도 튀르키예 정권이 불안정해지거나, 러시아, 튀르키예 두 나라 공동의 적국이 생기면 다시금 손을 잡는 것이 두 나라의 관계다.

러시아 사람들이 여행을 많이 가는 나라는 튀르키예 이외에 이집트, 그리스, 중국, 태국, 스페인, 키프로스, 이탈리아 그리고 걸프만의 나라들이 있다. 이집트의 후루가다 해변 또는 샤름엘셰이크 해변에 가면 러시아 사람들이 많다.

최근 중국으로 향하는 러시아인의 발걸음도 잦아졌다. 중국과 러시아는 모스크바에서 양국 정상회담에 즈음하여 '양국 국민 상호 왕래의 편의를 위한 협정'을 맺었다. 중국 대륙 남단의 열대섬 해남도의 해구(海口)나 삼아(三亚) 공항으로 러시아의 모스크바, 예카테린부르크, 노보시비르스크, 하바롭스크, 크라스노야르스크, 이르쿠츠크 등지에서 출발하는 정기, 부정기 항공편이 생겼다. 해남성 정부는 러시아판 구글인 얀덱스(Яндекс) 등에 관광 광고를 내보냈다. 러시아인을 상대로 한 한방의료 목적의 여행 유치도 관광 정책 중 하나였다.

중국인의 러시아 여행도 늘었다. 중국은 비록 러시아 월드컵 본선에 진출하진 못했지만 월드컵 기간 중 가장 많은 여행객은 중국인이었다. 세계 시청자들은 러시아 축구 경기장의 광고판에 중국어 광고가 도배되어 있는 것을 목격했다. 러시아 월드컵 경기장 버드와이저 광고에 '2022년 (카타르 월드컵에서는 중국 축구 국가 대표팀이) 웅기(雄起)하라! 우리는 너를 기다린다(我们等你)'라고 쓰여 있었다. 웅기(雄起)는 '힘내라'는 뜻이다. 그러나 중국 축구 국가대표팀은 2022년 카타르 월드컵 지역 예선에서 탈락했다.

감염병 팬데믹 이전 중국인이 홍콩, 마카오, 대만 이외에 여행을 많이 가는 나라는 태국, 일본, 베트남, 한국, 미국, 말레이시아, 싱가포르, 인도네시아, 호주 등이었다. 러시아로 가는 중국 여행객의 숫자도 많아졌다. 주지하는 바와 같이 중국은 이미 송출 여행객 숫자로 세계 최대가 되어 각 나라의 여행 수지를 좌우한다. 중국인 여행객을 끌어들이기 위한 각국의 관광 전략이 백출했다. 한국은 한때 중국인의 최선호 방문국이었는데, 여러 이유로 인해 태국, 일본 등에 밀렸다. 중국 국내의 방송에서는 항일, 반일의 연속극이 노상 방송될지라도, 중국 개인 여행객들은 일본의 자연, 인문, 음식, 그리고 도농이 연계된 교통과 관광 정책에 매료되어 방일 숫자가 지속적으로 늘었다. 중국인의 방한이 지지부진했던 반면에 한국인의 중국 방문은 지속되었다. 중국으로 입국하는 숫자가 많은 나라에는 미얀마, 베트남, 한국, 일본, 러시아 등이 있다.

××××××××××××××××××××××××

호텔이 아니라 손님집
-'빈관'과 '가스찌니짜'

××××××××××××××××××××××××

중국의 숙박 시설 가운데 초대소(招待所)라는 것이 있다. 중국에서 초대소는 각종 기관, 군, 그리고 기업에서도 운영했다. 한마디로 내부 인원들의 출장 등에 활용할 목적으로 만든 숙박 시설이다. 또 외부에서 손님이 왔을 때 영빈관으로 쓰기도 했다. 북한에도 우리가 흔히 들어 왔던 '백화원 초대소', '삼지연 초대소', '문수초대소' 등이 있다. 때문에 초대소라면 당연히 사회주의적 뿌리를 갖고 있으리라고 생각할 수 있지만 그렇지 않다.

중국 대륙을 두고 20세기 초 공산당과 겨루던 국민당 쪽에도 초대소가 있었다. 그중의 하나가 청도(青岛)에 있는 려지사(励志社) 초대소다. 본디 '려지사'는 국민당의 장제스를 정점으로 한 군사조직의 하나였다. 려지사의 초대소는 1940년대 국민당과 협력하던 미군 고문관을 수용하는 시설로 쓰였다. 중경(重庆)에 있는 백공관(白公馆) 초대소 역시 국민당과 협력하던 미군을 위한 숙박 시설이었다. 그러므로 초대소라는 시설의 유래가 사회주의와 직결되는 것은 아니다.

여기서는 중국의 숙박 시설에 해당하는 명칭들과 그 개념들을 알아보고자 한다. 고대 중국에는 지역 관리, 행정, 군사, 통신 관리를 위해 만들어진 숙박 시설이 있었다. 중국의 상인들이 이곳저곳 옮겨 다니며 장사할 때 머물던 숙소도 있었다. 아편전쟁 이후에는 서양식 호텔이 생겼다. 청말 이후 중화민국부터 중화인민공화국까지 초대소가 있었다. 그리고 개혁개방 이후 시장경제 체제하에서 생겨난 다양한 숙박 시설까지 혼재되었다. 중국에서 이러한 숙박 시설들을 통칭한다면 '여관(旅馆), 여점(旅店), 객점(客店)' 정도로 부를 수 있겠다.

그중에서 중국이 '세계에서 가장 오래된 숙박 시설'이라고 주장하는 것이 '역참(驿站)'이다. 군사, 관리들이 공무상 잠자고, 먹고, 말을 갈아탔다고 한다. 그 이후에는 공무와 상인 장사치들이 같이 사용했던 숙박 시설 객사(客舍)가 있었다고 한다. 또 상인들이 옮겨 다닐 때 잠을 자고 음식을 먹을 뿐만 아니라 특정 물건을 놓고 장사까지 했던 숙박 시설은 '객잔(客栈), 저점(邸店), 반점(饭店)'이라 한다.

이 가운데 '반점(饭店)'은 후일 아편전쟁이 끝난 뒤 중국 대륙에 생겨나기 시작한 서양식 호텔의 명칭으로 다시 부활했다. 1863년 천진에 만들어진 서양식 호텔 '리쉰더 반점(利顺德饭店)', 1900년 프랑스인이 베이징에 세운 '베이징 반점(北京饭店)', 1900년 영국인이 베이징에 지은 '육국 반점(六国饭店)', 상하이의 '리처드 반점(理査德饭店)' 등이 그것의 예다.

오늘날 한국에서는 반점이라는 단어가 '중화요리 식당'을 뜻하게 되었다. 중국에서 반점은 '숙박과 식사를 겸하는 시설', 또는 '아편전쟁 후의 서양식 호텔 통칭'이다. 단순히 '음식물을 파는 식당'의 의미도 있다. 참고로 중국에서 단순히 '음식물을 파는 식당'을 말할 때 일반적으로 '반관(饭馆), 찬관(餐馆), 주루(酒楼)'라고 한다.

제정 러시아에서 소비에트 연방으로 바뀌면서 소련의 모든 숙박 시설이 국유화되었다. 마찬가지로 1949년 중화인민공화국 건국 후에도 모든 숙박 시설이 국유화되었다. 이때 '국유 숙박 시설 명칭'으로 중국에 다시 등장한 것이 '빈관(宾馆)'이다. '손님 집'이라는 뜻이다. 숙박과 음식, 그리고 부대시설을 갖춘 장소로 기능했다. 예기(礼记) 등 옛글에 '빈관'이라는 말이 나오니 신조어는 아니다.

중국 사람들이 호텔이라는 말을 거의 사용하지 않는 것처럼 러시아도 '호텔(Отель)'이라는 러시아 단어가 있지만 잘 쓰지 않는다. 소련과 러시아에서 호텔은 '가스찌니짜(Гостиница)'다. '고스찌(Гости)'라는 말은 '손님들, 외국 상인들, 돌아다니며 장사하는 사람들'이라는 뜻이다. '가스찌니짜'는 중화인민공화국의 '빈관(宾馆)'과 똑같이 '손님이 머무는 곳'이라는 의미다.

중국 대륙의 개혁개방 후에 서양의 많은 대형 체인 호텔들이 들어왔다. 이들은 '주점(酒店)'이라는 명칭을 사용했다. 1983년 쉐

라톤은 '시라이덩(喜来登)' 주점'을 만들었다. 중국에서는 '쉐라톤' 같은 글로벌 브랜드의 호텔 이름을 사람들에게 얘기해도 잘 못 알아듣는다. 대부분 중국식 이름을 쓰기 때문이다. 1986년 하얏트는 천진에 '카이위에(凯悦) 주점'을, 1988년 힐튼은 상하이에 '시얼뚠(希尔顿) 주점'을, 1991년 웨스틴은 상하이에 '웨이스딩(威斯汀) 주점'을, 1997년 메리어트는 '완하오(万豪) 주점'을, 리츠칼튼은 '리쓰카얼둔(丽思卡尔顿) 주점'을, 파크하얏트는 '보위에(柏悦) 주점'을 열었다.

중국의 유스호스텔은 1998년 광주에 처음 생겼다. 유스호스텔을 중국에서는 '청년 여관(青年旅馆)'이라고 한다. 21세기 들어와서는 중국에 체인형 중저가 호텔들이 많아졌다. 이를 '연쇄 주점(连锁酒店)'이라고 부르는데, 고급호텔인 주점과는 사뭇 다르다. 진쟝즈싱(锦江之星), 루쟈(如家), 한팅(汉庭), 치티엔(七天) 같은 체인형 중저가 호텔 브랜드가 대륙에서 각각 수천 개씩 호텔을 운영했다. 또한 중국에도 숙박 공유, 게스트하우스 형태가 도입되면서 중국 국가 관광국(旅游局, 여유국)이 관련 규정을 제정했다. 명칭은 일본과 같은 민숙(民宿)이다.

현대 중국 도시들의 마천루에는 글로벌 호텔들이 들어서 있는 경우가 많다. 상하이의 월드 파이낸셜 센터나 진마오 빌딩의 높은 층에서도 '글로벌 호텔'들이 영업을 했다. 그런데 더 높은 632미터짜리 상하이 센터를 지으면서 고층부에 중국 '본토 호텔'이 들어가도록 했다. 한편으로는 중국인들의 자존심을, 한편으로는 관광업에 대한 중국의 의욕을 엿볼 수 있는 대목이다.

×××××××××××××××××××××××××

도박, 매매춘, 마약은 사회의 3대 추악

×××××××××××××××××××××××××

'매매춘(黄, 황), 도박(赌, 도), 마약(毒, 독)'은 중국의 공권력이 '사회의 3대 추악(丑恶)'으로 간주하는 사안이다. 한국인을 포함한 외국인이 중국의 진상을 함부로 판단하고 경솔하게 행동하였다가 법망에 걸리면 상상을 초월할 정도로 가혹하게 처벌받을 수 있다. 도박의 경우 1949년 중화인민공화국 건국 이후 규정상 어떤 형태의 도박도 완전한 불법행위로 되어 있음을 명심해야 한다. 이것은 같은 사회주의 국가인 소련이 1928년 모든 도박행위와 복권을 금지하고 관련된 시설을 폐쇄했던 것과 궤를 같이한다.

도박의 역사에 있어 마카오와 홍콩은 대륙과 다르다. 이미 16세기에 포르투갈 사람들이 살기 시작했던 마카오에서는 19세기 중반부터 도박장이 급증했다. 마카오의 서양식 카지노 매출은 2007년 라스베이거스를 넘어섰다. 마카오는 라스베이거스에 비해 카지노 수는 적었지만 슬롯머신보다 테이블게임 위주 영업이라는 강점을 갖고 있었다. 테이블게임은 룰렛, 블랙잭, 바카라 등이다.

중국어로 카지노는 '도장(赌场)' 또는 '오락장(娱乐场)'이라고 한다. 룰렛은 중국어로 '바퀴판(轮盘, 륜반)'이다. 블랙잭은 '트웬티원'이라고 하기도 하는데 중국어로도 '이십일점(廿一点)'이라고 부른다. 입(廿)은 십(十)이 두 개 있어서 이십이라는 뜻이다. 바카라는 발음을 따서 '모두가 즐겁다'는 뜻과 함께 '바이쟈러(百家乐, 백가락)'라고 한다. 마카오의 호텔·카지노 중에서 상징적인 존재는 '리스보아(葡京, Lisboa) 오락장(娱乐场, Casino)'이다. 마카오의 호텔·카지노 업계를 장악했던 '스탠리 호(何鴻燊, Stanley Ho)'가 포르투갈(葡国, 포국)의 허가를 받아 1970년에 건립했던 현대식 대형 호텔·카지노다. 그래서 호텔·오락장 이름이 '포경(葡京, 포르투갈의 수도)'이다. 사망한 스탠리 호와 그의 아들은 북한에도 투자했고, 한·중·일 고객을 대상으로 한 러시아 극동·연해주 카지노·복합리조트 사업을 러시아와 합작으로 진행하고자 했다.

카지노에서 베팅(投注, 투주)을 하기 위해서는 칩(筹码, 주마)이 필요하다. 주(筹)라는 한자 자체가 중국에서 옛부터 노름할 때 사용하던 '나뭇가지'라는 뜻이다. 돈을 가지고 교환하는 일반적 칩은 '현금마(现金码)'다. 현금마는 다시 돈으로 바꿀 수 있다. 칩을 만드는 재료 중에 진흙이 있기 때문에 '클레이칩'이라는 단어가 있기도 하지만, 중국어로 '니마(泥码, 클레이칩)'는 현금마를 가지고 한 번 더 교환해서 유통하는 별도의 칩을 말한다. 카지노에는 중국인에게 칩을 교환해 주고 자금을 융통해 주는 소위 '롤링(转码, 전마)'하는 사람이 있기 마련이었다. 이 과정에 돈세탁(洗码·세마, 洗钱·세전), 환치기 등이 일어나는 상황을 중국 당국은 잘 파악하고 있었다. 이들은 대륙 정부가 마카오 카지노 금지안을 내놓으며 위기를 맞았다.

홍콩은 19세기 중반에 영국령이 되었는데 유명한 홍콩 경마 등 몇몇 종류의 도박은 '합법'이었다. 홍콩 경마는 홍콩인들이 가장 사랑하는 스포츠임과 동시에 홍콩 당국 입장에서는 최대의 납세자였다. 육합채(六合彩, Mark Six)는 홍콩 유일의 합법적 복권이었다. 그런데 홍콩과 비교적 가까운 광동성, 복건성 등지에서는 가짜 육합채로 서민들을 유혹하는 사기가 많았다.

개혁개방 후 시장경제 체제가 되자 중국 당국은 본토에서 복권(彩票, 채표)을 발행하기 시작했다. 특별 행정구역이 아닌 내지에서 법과 현실 사이라는 모호한 위상을 대표하는 것이 이 복권이다. 1987년 중국복리복권(中国福利彩票)은 '사회주의적 인도주의 정신을 고양하고 사회복지 기금을 모집한다'는 명분으로 발행되었다. 1994년 체육복권은 '체육사업 발전'의 명분으로 발행되었다. 또 각 지방 정부에도 나름의 복권이 있었다. 7개의 숫자를 맞추는 칠락채(七乐彩), 3개의 숫자로 하는 3D유희(游戏), 홍색·청색 공들을 뽑는 쌍색구(双色球), 긁는 스크래치 복권 괄괄락(刮刮乐) 등 여러 종류가 있다. 이들은 '노인을 부축하고(扶老, 부로), 장애인을 돕고(助残, 조잔), 고아를 구하고(救孤, 구고), 가난을 구제한다(济困, 제곤)'는 슬로건을 내세운다.

고래로 사행성 행위를 좋아한다고 알려졌던 중국인인데, 개혁 개방 이후 민간에서는 돈을 놓고 하는 마작(麻将, 마장) 등 고유의 도박이 성행하기 시작했다. 중국에서는 예로부터 '일상생활에 도박성 행위를 개입시키는 것'을 '야바오(押宝, 압보)'라고 했는데 이것이 한국인이 쓰는 속칭 '야바위'의 어원일 수 있다. 하여간 대륙 곳곳의 식당, 찻집, 민가, 농가 등지에서 보초까지 세워두고 노름하는 사람들이 있었다. 패구(牌九) 등 나무와 상아로 만든 골패(骨牌)를 쓰기도 하고, 주사위(骰子, 투자)를 사용하기도 했다.

서양식 종이카드(纸牌, 지패)도 중국의 민간에 널리 보급되어 노름에 활용되었다. 푸커(扑克)는 포커를 음역한 것이고, 이외에 작금화(炸金花)도 종이카드를 사용하여 중국에서 광범위하게 행해진 노름 방법이었다.

사정이 이렇다 보니 중국인을 상대로 서버를 해외에 둔 인터넷 도박 사이트와 애플리케이션이 우후죽순이었다. 이들은 겉으로는 소프트웨어 회사라고 하고 도박 영업을 했다. 중국 당국은 2018년부터 이러한 사이버 도박을 전면 금지하고 단속했다. 해외 프록시 서버는 중국의 요청으로 호주와 싱가포르에서 금지되었는데, 일부 동남아 국가에서는 계속되었다.

중국 당국은 공무원들의 도박 행위 때문에 골머리를 앓았다. 중국의 공무원들이 도박에 손대는 이유는 몇 가지로 설명이 되었다. 첫째, 접대성 도박이다. 향응을 베풀고자 하는 민간인이 판돈을 대주고 국내외 도박을 알선하는 경우다. 둘째, 공금을 유용하는 상황이다. 공금을 '잠시' 활용하여 도박으로 원금을 불려 이득을 취해 보겠다는 심산이다. 이런 상황을 중국인은 '닭을 빌려 달걀을 낳으면 먹는다'고 표현한다. 공무원이 시간이 너무 남아돌아 그렇다는 여론도 있었다. 어쨌든 실제로 공무원의 도박이 적발되면 중국 언론과 소셜미디어에 얼굴과 실명을 공개하는 경우가 적지 않다. 중국공산당은 당, 정부와 국가에 손해를 끼치고 이미지에 먹칠을 한 행위로 중하게 처벌했다.

위에서 이야기한 것처럼 중국인이 기질적으로 도박이나 사행성 행위를 좋아한다는 설이 있다. 그래서인지 중국인을 대상으로 한 각종 마케팅, 프로모션, 행사에 '경품뽑기(抽奖, 추장)'는 매우 흔하게 등장한다. '14억 인구 중에서 13억은 도박을 하고 나머지 1억은 주식투기(炒股, 초고)를 한다'는 우스갯소리가 있었다. 해외의 화교들도 해당 국가 카지노의 주요 고객이라고 한다.

그래서 중국인 그리고 화교들을 도박으로 유치하는 경쟁이 치열했다. 중국 손님을 위한 중국어 서비스, 경품, 전용 리무진, 전용 카운터 등을 준비했다. 중국인이 좋아하는 유럽의 주요 축구리그 경기장 광고판과 경기복 광고에 도박 관련 브랜드의 협찬이 많았다. 중국 주변 국가들은 자국법을 개정해 가면서 카지노와 관광, 호텔, 쇼핑, 공연, 컨벤션 등 복합 리조트(Integrated Resort)를 새로 만들거나 증설했다. 여기에 필리핀, 태국, 말레이시아뿐만 아니라 그동안 비교적 엄격한 도박 관리를 해 왔던 싱가포르, 대만, 베트남, 일본이 가세했다. 일본에서 합법화된 카지노(カジノ)는 복합리조트의 일본식 표현인 통합형 리조트(統合型リゾート)와 함께 영업한다.

러시아는 이 국면의 또 다른 참여자다. 러시아는 위에 이야기한 바와 같이 소련 시절 모든 사행성 행위와 도박장(Игорный Дом)이 불법이었던 나라다. 구소련의 말기로 접어들어 1988년 관광호텔 몇 군데에 슬롯머신이 놓여졌다. 1989년에는 모스크바 최초의 카지노(Казино)가 사보이호텔에 생겼다. 슬금슬금 늘어난 카지노는 수백 개를 헤아렸다.

구소련이 해체되고 도박 인구는 더 늘었다. 슬롯머신의 숫자가 급증하고 2000년대 초부터 러시아 당국은 슬롯머신에 세금을 부과하기 시작했다. 세수는 늘었는데, 한편으로는 도박 중독, 돈세탁 등 부작용도 많아졌다. 결국 러시아 당국은 인터넷·모바일 도박을 금지하고, 육상 카지노 설치가 가능한 지역을 러시아 내에 4개 지역으로 한정하는 조치를 발표했다.

러시아 카지노 4개 지역은 다음과 같다. 유럽인이 찾을 수 있는 '칼리닌그라드 지역', '흑해·아조프해 연안지역', '러시아·중국·카자흐스탄 접경의 시베리아', 그리고 향후 발전이 기대되는 '극동·연해주 지역'이다. 연해주의 블라디보스토크 상징동물은 '호랑이(Тигр, 티그르)'인데 도시에서 티그르 퍼레이드를 하고, 티그르 카지노도 있다.

한국도 동북아 카지노 경쟁에 가세했다. 서울·인천·제주·부산·경기 등지에 기존 또는 새로운 카지노와 복합리조트를 확충·계획했고 건설했다. 여기에 공기업과 몇 개의 민간기업이 참여했다. 한국 카지노 영업은 일본인·중국인 고객에게 많이 의존했다. 그런데 중국 당국이 실정법과 현실을 오가며 내놓는 조치들을 파악하지 못하여 허둥대는 상황이 자주 발생했다. 중국에서 한국 공기업 직원이 환치기 현행범으로 검거되는 경우도 있었다.

사회주의 서커스의 명성

한국에서도 서커스의 인기가 높았던 때가 있었다. 현재는 휴대폰을 비롯해서 재미있는 '시간'을 보낼 수 있게 해 주는 즐길 거리, 놀거리가 흔한 한국에서 서커스단은 겨우 명맥만 유지하고 있고 과거의 인기는 찾아보기 어렵다. 그래도 캐나다의 유명 서커스단 내한 공연 등은 제법 성공을 거두었다.

고대 이집트, 그리스, 로마 등 문명권 유물의 그림에 줄 타는 사람 등이 등장한다. '높이(Acro, 아크로) 걸어가다'에서 '곡예(曲藝)'를 뜻하는 '아크로바틱'이 유래했다고 전한다. 이러한 줄타기와 공중회전, 저글링 등 '곡예'적 요소에다가 동물을 활용한 '곡마', 그리고 '마술'과 '연극 퍼포먼스' 요소까지 합쳐져 근대적 서커스가 탄생했다.

18세기 후반 영국에서 시작되었다고 알려진 근대적 서커스의 하이라이드는 곡마(曲馬)였다고 한다. 뜻 그대로 곡예사가 관람석으로 둘러싸인 원형 마당을 말 위에 두 발로 서서 달리는 것이다. 고대 로마의 원형 경기장인 키르쿠스(Circus)가 근대 서커스(Circus)의 어원이 되는 이유가 바로 '원형 공연장'이라는 공통된 요소 때문이다. 이러한 원형 공연장 서커스는 이후로 미국과 다른 나라에서도 행해졌다. 그리고 곡마에 등장하는 동물들도 코끼리, 사자, 곰, 개, 물개 등으로 많아졌다. 현대 각국의 서커스단에서 곡마적 요소는 동물 학대 논란으로 자취를 감추고 있다.

흥미로운 점은 소련을 비롯한 사회주의 국가들에서 서커스가 매우 발전했고 큰 인기를 끌었다는 것이다. 몬테카를로 국제 서커스 페스티벌 같은 대회에서 상을 받은 나라에 러시아(소련), 중국, 북한, 몽골, 헝가리 등 사회주의 역사를 가진 국가들이 많다. 북한에서는 서커스를 '교예(巧藝)'라고 부르는데, 평양 교예단은 1952년에 만들어졌고 모란봉 교예단도 유명하다. 국가가 나서서 육성, 관리, 활용했다.

러시아에서는 서커스를 '찌르크(Цирк)'라고 한다. 프랑스어의 씨르크(Cirque)나 독일어의 치르쿠스(Zirkus)와 비슷하다. 그런데 러시아의 서커스가 사회주의 소련 시절에 처음 시작된 것은 아니다. 이미 제정 러시아의 차르는 황실 곡예단을 두고 있었다. 그리고 유명한 모스크바 볼쇼이 서커스단도 제정 러시아 때인 1880년에 만들어졌다.

소련 시대가 되자 서커스는 국가적인 문화와 예술의 도구로 지정되고 육성되었다. 모스크바 볼쇼이 국립 서커스(Большой М осковский Государственный Цирк)는 1950년대에 재창단되었다. 1971년에는 3,400명이 관람할 수 있는 유럽 최대 규모의 상설 서커스 공연장을 준공했다. 이 서커스단의 명성은 대단했고, 미국, 일본, 유럽 등지에 순회공연도 다녔다. 볼쇼이 이외에도 카잔스키, 이바노프스키, 우드무르찌 등 국립서커스단이 많았다.

중국에서는 서커스를 '마희(马戏)'라고 번역한다. 곡마와 비슷한 뜻이다. 그리고 아크로바틱을 번역하면 '잡기(杂技)'라고 나오지만, 서커스를 표현할 때 마희, 잡기 모두 구분 없이 쓴다. 중국의 서커스는 소련의 영향을 많이 받았다. 물론 고대 중국의 유물 고증을 보면 곡예적 요소를 즐긴 흔적이 보이고, 현대 중국 서커스에도 이러한 전통의 곡예가 많이 첨가되어 있다. 하지만 중국공산당이 국민당과 대륙의 패권을 다투던 시절부터 '잡기'는 당원, 대중을 문화 예술적으로 다독이는 도구로 활용되었다. '잡기'라는 단어는 중국공산당 저우언라이(周恩来)가 먼저 썼다는 설이 있다. 그리고 중화인민공화국 건국 후 중국잡기단(中国杂技团)이 정식으로 만들어졌다.

현대 중국의 관광 안내서나 인터넷 사이트에 '서커스의 마을(잡기지향, 杂技之乡 또는 마희지향, 马戏之乡)'이라고 되어 있는 곳이 적지 않았다. 중국에서 서커스가 인기 있었다는 방증이다. 이러한 서커스의 마을을 대표하는 곳이 오교(吴桥)현이었다. 하북성의 인구 30여만 작은 도시인 오교는 서커스에 특화되어 있었다. 우선 서커스단만 50여 개 있었고 종사 인원은 5,000여 명에 이르렀다. 1990년대 오교에 공립 서커스 전문학교(中等专业学校)가 만들어졌고 다른 나라의 서커스단에서 활약하는 단원들도 많이 배출했다.

오교현은 또 홍콩 자본의 투자를 받아 서커스 전문 공연장인 '오교 잡기 대세계(吴桥杂技大世界)'와 각종 관광시설을 지었다. 몬테카를로 국제 서커스 페스티벌과 같은 '오교 국제 잡기 축제(吴桥国际杂技节)'를 열었고, 외국 서커스단들도 여기에 많이 참여했다. 북한의 모란봉 교예단도 여기서 수상한 적이 있다. 덩샤오핑, 후야오방(胡耀邦) 등 공산당 수뇌부도 오교를 방문하여 격려를 아끼지 않았다. 그런데 이렇게 '서커스의 마을'을 자처하거나 서커스 종사 인구가 많은 곳을 살펴보면 대개 농지가 척박하거나 생업으로 삼을 만한 경제활동이 마땅찮은 지역이어서 안타까움을 자아낸다.

상하이에도 서커스 상설 공연장이 있다. 객석 1,400석의 상하이 마희성(马戏城)이다. 중국 자본은 캐나다 서커스단의 지분도 사들였다. 14억의 중국인만으로도 서커스 시장이 형성된다는 심산이었다. 베이징의 조양극장(朝阳剧场)은 원형 공연장이 아니고 무대식인데, '잡기 대세계(杂技大世界, Acrobatic World)' 공연을 했다.

3장

러시아인과 중국인의 일상 속으로

러시아 여성은 결혼하기 힘들다?

해가 바뀌어 1월 1일이 되면 늘 언론이 다루는 단골 보도가 있다. 바로 새해 가장 먼저 태어난 아기를 취재하는 것이다. 새해를 맞이하여 '새로움'에 관련된 여러 가지 뉴스거리가 많겠으나, 새로운 생명이 탄생하는 것만큼 고귀하고 의미 있는 일은 없을 것이다. 새로운 아기가 태어나지 않는다 함은 바로 인류가 더 이상 존속하지 않는다는 것을 뜻하기 때문이다.

그렇지만 한국은 결혼을 기피하고 출산을 거부하는 추세로 인구구조의 변화를 맞았다. 출산율은 세계 최저 수준으로 낮아졌다. 이로 인한 심각한 국력의 쇠퇴와 노령화의 폐해를 논하는 사람들이 많다. 생산가능 인구가 줄어들고 노인복지 재정이 과도하게 되면 젊은 층의 부담이 점점 커지게 된다. 표와 집권을 의식한 세출 증가는 고스란히 미래세대의 빚으로 남게 된다.

반변 우리나라를 넘어 시야를 세계로 바꾸면 사고의 방향이 달라진다. 인구가 많은 것이 문제다. 세계인구는 1927년경에 20억 명을 넘었는데 100년도 되지 않아 80억 명에 다다랐다. 과연 인류는 하나의 지구를 놓고 인구, 식량, 건강, 안전, 환경, 자원 등의 생존 문제를 서로 숙의하여 해결할 수 있을 것인가, 아니면 그저 대책 없는 어떤 결말을 맞이할 것인가.

어떤 아기가 어느 나라에서 태어나느냐에 따라 기대수명이 다르다. 한국에서 태어난 아기는 대략 83년 이상 살 수 있을 것으로 예측된다. 이는 캐나다, 프랑스, 스웨덴과 비슷한 수준이다. 한국전쟁을 겪으며 살상, 질병, 영양 등의 문제와 보건 인프라의 태부족으로 세계 최하위의 생존권을 부여받았던 한국인들은 눈부신 변화를 만들어 냈다.

러시아에서 태어난 아기는 대략 71세 이상의 기대수명으로 보고되었다. 이는 네팔과 비슷한 숫자고 북한보다 낮은 것이다. 이마저 많이 좋아진 것이다. 구소련 시기 러시아인 특히 러시아 남성의 평균 기대수명이 60세에 미치지 못하던 시절도 있었다. 세계대전으로 워낙 많은 러시아 남성이 전사한 데다가, 폭음 등 건강관리에 소홀했기 때문이다. 현대 러시아 남성의 평균 기대수명은 대략 66세 이상이고 통계적으로 여성보다 10년 이상 먼저 사망한다.

러시아에서는 출생 당시 남자 아기가 여자 아기에 비해 다소 높은 비율을 점한다. 그러다가 20대쯤 되면 성비가 같아지고, 30대 이후 남성의 사망률이 급격히 높아지면서 여초 상태가 된다고 보고되었다. 러시아의 전 연령대를 통틀어 보면 여성이 대략 15% 정도 더 많다. 그래서 러시아에서는 여성이 남성에 비해 상대적으로 결혼 반려자를 찾기 더 어렵다는 이야기가 흔히 통해 왔다. 구소련이 해체되기 전 한때 미국의 인구보다 많았던 러시아의 인구는 이제 미국 인구의 절반에도 미치지 못한다. 물론 구소련의 우크라이나, 벨라루스 등 분리된 14개 국가의 인구 탓도 있지만, 러시아 자체의 출산율 저하, 이주자에 대한 낮은 수용성 등으로 인구가 줄었다.

중국에서 태어난 아기의 평균 기대수명은 대략 77세 이상이다. 베트남, 이란, 알제리와 비슷하다. 함께했던 사회주의의 종주국 러시아보다 높다. 앞으로 차이가 더 벌어질 것으로 예측된다. 중국은 아주 빠른 속도로 고령사회에 접어들었다. 일본과 한국이 갔던 길이다. 인구 중에서 65세 이상 노인 인구가 7%를 넘으면 고령화사회, 14%를 넘으면 고령사회다. 세계은행은 2050년 중국의 65세 이상 노인 인구 비중이 25%를 넘을 것으로 예측했다.

중화인민공화국이 출발할 당시에는 너무 많은 인구가 부담이었다. 농민을 기반으로 혁명을 했고, 전통적인 농업 국가이지만 인구가 많아 식량 자급조차 힘들었다. 과거 조혼의 풍습이 있었고, 농사를 위한 노동력을 생산하기 위해 아들을 많이 낳는 것이 장려되었기 때문이다. 당국은 인구의 조절을 시도하기 시작했다.

1964년에 '계획 생육(计划生育)' 위원회를 만들었다. '늦게 결혼하여 늦게 기르고(晩婚晩育) 적게 낳아 잘 기르면 행복한 일생(少生优生幸福一生)'이라는 정책이 추진되었다. '남아 선호 풍조'는 계획 생육 정책에 큰 장애가 되었다. '오늘의 여아, 내일의 건설자(今天的女孩明天的建设者)' 같은 계몽 문구도 쓰였다. 개혁개방 이후에는 국무원 산하로 계획 생육 상설기구를 두고 인구조절과 경제개발의 상관관계를 다루었다. 중국의 값싸고 많은 노동력이 외국의 직접투자를 불러와 '세계의 공장'이 되었다. 중국이 시장경제를 일으키기 위해서는 외국의 직접투자(FDI)가 긴요했다. 그러면서도 인구는 줄여야 했기에 1가구 1자녀의 산아제한을 강제했다. 2003년에는 '국가 계획 생육 위원회'를 '국가 인구와 계획 생육 위원회'로 확대했다.

중국은 이제 값싼 노동력을 활용하기만 하는 '세계의 공장'이 아니라, 일정 수준 가처분 소득이 있는 거대 인구의 '세계의 시장'이 되었다. 그런데 출산율이 너무 낮고 노령화가 급속히 진행되어 '국가가 충분히 부유해지기 전에 먼저 늙어 버린' 상태에 접어들었다. 이를 '미부 선로(未富先老)'라고 한다. 당국은 2016년부터 조건 없이 두 아이를 낳을 수 있게 허용하는 '전면 2태(全面二胎)' 인구 정책으로 바꾸었고 뒤이어 '세 아이 정책'을 도입하였다. 이에 따라 2016년의 중국 신생아 수는 1,786만 명으로 전년 대비 8% 높게 반짝 증가하였으나 이듬해부터 다시 줄어들었다. 중국의 여성들도 출산을 부담스러워하게 되었다. 2018년부터 중국 국무원에서 '계획 생육'이라는 단어가 사라졌다. 계획 생육 조직을 '국가 위생 건강 위원회'로 바꾸면서 출산을 독려하는 보조금 제도를 도입했다. 이 기관에서 늘어난 노인문제도 다룬다.

사회주의는 무상 의료인가

한국에는 의료 관련 전공이 인기가 있다. 관련 직업의 전반적인 보수도 괜찮다. 그런데 러시아의 경우 모든 의료체계가 국유이던 구소련이 해체된 후 제법 시간이 흘렀는데, 의과대학 출신의 인기와 보수가 그다지 높아지지 않았다. 중국의 사정도 다르지 않았다. 비공식적 돈 봉투인 홍포(红包)를 밝히는 의사가 많았다. 그래도 러시아에 비해서는 빨리 변화해 중국의 의료 수준이 개선되고, 의료인들의 지위가 향상되었다.

'무상 의료'의 구호가 사회주의 국가만의 전유물은 아니다. 미국 민주당의 대통령 후보도 때에 따라, 후보에 따라 이 공약을 얘기한다. 유럽에서 몇몇 혼합경제를 지향하는 나라도 그렇다. 쿠바의 무상 의료 시스템은 세계적으로 유명하다. 북한은 무상 의료를 자랑하지만 실제로 그것을 구현하고 있는지는 별개의 사안이다.

붕괴 이전의 구소련과 개혁개방 이전의 중국은 모두 무상 의료를 내걸었다. 하지만 러시아와 중국 모두 실질적으로 사회주의 경제가 용도 폐기되었고, '무상 의료'라는 '과거의 난제'를 수습하는 과정에서 공통점을 가지게 되었다.

먼저 러시아로 가본다. 1991년 해체된 구소련을 계승한 러시아는 1993년 헌법에 다시금 무상 의료의 권리를 명시했다. 헌법에 '모든 러시아 연방 국민은 보건과 의료의 권리를 누린다'고 했다. 그런데 정부가 무상 의료를 실질적으로 '공급'할 수 없다면, 현실의 대안은 '의료보험'밖에 없다. 결국 러시아 정부도 '연방 국민 의료보험법'을 만들었다. 전 국민 강제 의료보험의 개념이었다. 직업이 있는 사람은 급여의 일정 부분을 보험료로 납부하게 됐다. 그리고 기업 등 고용주도 상응하는 보험료를 냈다. 법정 의료보험기구의 관리는 러시아 중앙정부의 '위생 및 사회발전부'가 맡았다. 러시아 연방의 특성상 납부되는 보험료의 일정 부분은 중앙정부로, 일정 부분은 연방구성 지방정부로 갔다. 러시아 경제가 활력을 잃고 정부 재정이 어려움을 겪으면서 공공 의료보험은 적자가 되었다. 재정 보조가 적어지고 의료보험 재원 책임의 대부분은 기업에게 떠넘겨졌다. 걷히는 보험료는 중앙정부와 지방정부로 넘어가는데, 점점 중앙정부의 비율이 늘어났다. 그럼에도 정부가 담보하는 보건의료의 범위는 축소되었고 실업자에 대한 의료 제공은 폐지되었다. 나중에는 전염병 관리, 긴급 의료, 일부 장애인·노년층 의료에 국한되었다.

러시아에서 법정 보험에 의한 공공의료 혜택을 받는 것은 매우 힘들다. 오랜 기간을 기다려 진료소에 가도 줄을 길게 서야 한다. 웬만한 대도시에서도 공공진료소는 1곳당 몇만 명의 인구를 책임진다. 러시아는 세계 기구의 의료수준 평가에서도 하위권이다. 의료장비는 낙후되었고, 자국의 제약 역량은 낮다. 공공의료의 신뢰도가 하락하자 돈 있는 러시아인들은 상업 의료보험에 가입하고 외국 의사, 수입 약에 의존했다. 상업 의료보험에는 이스라엘, 프랑스 등이 참여했고 서울대학교 병원이 제안을 받은 '모스크바 국제 의료 클러스터(Московский Международный Медицинский Кластер)'가 그중 하나다. 모스크바에 외국 의료기관을 유치하는 프로젝트다.

중국에서는 의사를 '의생(医生)'이라고 한다. 사회주의 중국에서 의사는 학력이 높은 사람도, 여유가 있는 사람도 아니었다. 중화인민공화국이 건국된 1949년 이후 사회주의 대륙의 의료는 국가가 주도했다. 대약진운동의 실패와 문화대혁명으로 민생은 매우 어려웠다. 1960년대에서 70년대 사이 고육책으로 당국은 정식 의사가 아닌 사람들을 농촌으로 내려보냈다. 이들은 제대로 된 의학 교육을 이수한 사람들이 아니었다. 당시 이들의 숫자는 2백만 명에 가까웠다. 최소한의 교육 후에 대륙 곳곳에 배치되고, 의술뿐만 아니라 농업, 사상교육 등에도 활용되었다. 이들을 묘사한 서방의 표현은 '맨발의 의사들(Barefoot Doctors)'이다. 중국어로 '적각(赤脚) 의생(医生)'이다.

1978년 덩샤오핑의 개혁개방으로 중국에 시장경제가 도입되었다. 1979년 '위생사업도 경제적 수단으로 관리한다'고 선포했다. 1980년부터 개인 개업의를 허가했다. 1992년 덩샤오핑의 남순강화(자본주의에도 계획이 있고 사회주의에도 시장이 있다는 내용의 담화) 후 당국은 '시장경제에 걸맞은 의료체계, 의료보험, 제약산업 등 의료개혁'을 준비하여 1999년 기본의료보험 제도를 시작했다. 그러나 경험, 제도, 재원, 위기관리능력 등 전반적인 중국 보건의료의 역량 부족이 '중증급성호흡기증후군(SARS) 사태'의 확산 등에서 드러났다.

중국의 공공 의료보험이 안고 있는 문제들이 있다. 먼저 도농 간의 의료격차다. 의료보험의 적용을 받는 인구비율은 농촌에서 현저히 낮다. 두 번째로는 공공 의료보험이 제공하는 지정병원, 지정약품 등의 한계다. 돈 있는 중국인들은 '상업적 의료보험'을 선택했다.

중국에서는 병원을 '의원'이라고 부른다. 중국의 의원 체계는 당국이 정해 놓은 등급과 평가 '관리표준'에 따라 10개의 등급으로 나뉘어 있다. 3급이 큰 의원이고 1급이 낮으며 각각의 급은 다시 갑·을·병으로 구분되어 9개의 의원 급수가 있다. 3급 갑 위에는 추가로 3급 특등이 하나 더 있기 때문에 모두 10개의 급수다. 3급 의원의 요건은 '병상 500개 초과'이고 일정 수준 이상의 인력, 연구, 시설, 장비를 보유한 지역거점 병원이다. 정기평가에서는 진단·수술의 정확성, 질환별 입원기간, 약품관리, 국제학술교류 등 각종 통계를 따진다. 베이징을 예로 들어 3급 갑 의원 명부를 훑어보면 국공립 병원 위주다. 위생부 베이징의원, 위생부 중일우호(中日友好) 의원, 중국인민해방군 총의원, 베이징군구 총의원, 공군 총의원, 해군 총의원, 인민무장경찰부대 총의원, 베이징대학 인민의원, 베이징 중의약대학 의원, 수도의대 부속의원, 중국 의학 과학원 의원, 베이징 중의 과학원 의원 등이다.

중국 의료가 다른 나라와 다른 특징 중 하나는 중의약(中医药)과 서양의약 협진을 강조하는 점이다. 중의약 학과와 서양의약 학과는 상대방의 학문까지 같이 배운다. 협진을 넘어 통섭을 시도해 중의약 병원에서도 서양 의술 설비를 활용할 수 있다.

많은 인구가 성장의 동력이었던 중국에서 인구구조의 급속한 노령화가 진행되었다. 이에 따라 양로, 의료, 약품 분야는 빠르게 성장했고 시장의 크기도 커졌다. 또한 중국 당국은 정보기술을 활용한 전자의료와 원격진료 분야를 장려했다.

3월 8일 여성의 날

×××××××××××××××××××××××××

중국에서는 매년 3월 8일이 되면 인터넷 쇼핑몰들이 분주하다. 남성은 여성에게 선물을 한다. 직장에 다니는 중국 여성은 하루 또는 반나절의 유급 휴가를 얻는다. 회사와 각 조직은 여성 직원에게 선물을 나눠준다. 과거에는 세탁세제 가루비누를 줬다. 손에 손에 가루비누를 들고 집으로 향하는 중국 여성들을 3월 8일마다 볼 수 있었다.

3월 8일은 세계 여성의 날이다. 중국에서의 정식 명칭은 '국제노동 부녀절' 또는 '유엔 부녀권익과 국제평화일'이고 그냥 부녀절, 3·8절, 국제부녀절, 여인절이라고도 부른다. 중국에는 1922년에 '3·8절'이라는 이름으로 들어왔다. 중국공산당이 인민공화국을 만든 1949년 이후 부녀절로 번역해 부르게 되었다. 중국에 시장경제가 자리를 잡은 다음부터는 부녀절의 이름을 상업적으로 바꿔 부르기 시작했다. '여왕절', '여신절'이라고도 하고, '여성 친구'를 의미하는 '규밀(闺蜜)절'이라고도 한다. 인터넷 쇼핑몰 징동(JD.com)은 이날을 '나비절'로 이름 지어 마케팅했다. 나비절의 한자 '호접절(蝴蝶节)'이 선물 포장의 '나비 리본(蝴蝶结, 호접결)'과 발음이 같아 여성들에게 선물을 많이 하라는 뜻이었다.

러시아에서 매년 3월 8일 여성의 날은 의미 있게 치러진다. 여성들에게 하루의 유급휴가가 주어진다. 러시아 남성들은 주로 꽃을 선물한다. 남성들은 정장을 입고, 꽃과 함께 다른 선물을 준비해서 주고, 여성들을 기쁘게 해 줄 각종 이벤트를 마련한다.

유엔은 1975년을 여성의 해로 정하고 3월 8일을 세계 여성의 날로 삼았으며, 1977년 유엔 총회에서는 각국의 전통과 사정에 따라 1년 가운데 하루를 택해 여성의 권리, 평등, 참여를 기념하고 증진하도록 권장했다. 구소련의 나라들, 중국, 쿠바, 베트남 그리고 앙골라, 우간다, 잠비아 등 아프리카의 몇 개 나라에서 3월 8일을 국경일 또는 여성 전용 유급 휴가일로 했다.

이렇게 러시아, 중국 등 사회주의권 나라가 다른 나라들에 비해 여성의 날을 더 중요하게 여기고 기념한 데에는 이유가 있다. 이날이 애초부터 사회주의의 역사와 어느 정도 관계가 있기 때문이다.

여성 관련 기념일은 1909년 2월 28일 미국에서 '전국 여성의 날'로 시작되었다. 여성 노동자들의 열악한 권리를 규탄한 1908년 같은 날의 '궐기'를 기념한 것이고, 이것은 산업 현장에서 화재로

숨진 미국 여성 노동자들에 대한 추모로부터 비롯되었다. 미국의 뒤를 이어 1911년 3월 19일에는 독일, 오스트리아, 스위스 등 서유럽 나라들에서 '세계 여성의 날'이 제안되었다. 이것은 독일 등의 몇몇 여권 운동가가 주창해서 참정권을 포함한 기본권적 평등이 제기된 것이었다. 3월 19일은 1848년에 프로이센의 왕이 여성의 참정권을 인정한 상징적인 날이다.

1913년부터 세계 여성의 날이 3월 8일로 바뀌었다. 그리고 1917년 3월 8일 여성의 날, 러시아에서 사건이 일어났다. 러시아의 여성 노동자들이 상트페테르부르크에서 시위를 하던 중 '제정타도'까지 외치게 되었다. 이것이 도화선이 되어 시위가 확대되고 러시아 차르 체제가 무너져 10월의 볼셰비키 혁명까지 이어지게 되었다. 여성의 날이 그레고리력으로는 3월 8일이지만 당시 러시아가 사용하던 율리우스력으로는 2월이었기 때문에 여성의 날을 러시아 2월 혁명의 단초로 보고 소련은 3·8절(8 Марта)을 성대하게 치렀다. 3·8절은 곧 '국제 여성의 날(Международный Женский День)'이다. 소련은 이날 '전 세계 노동 여성 만세(Да Здравствуют Трудящиеся Женщины Всего Мира)' 구호를 사용했다.

소련공산당은 건국 즈음부터 여성의 권리를 옹호하는 입장을 취했다. 레닌은 양성평등을 혁명의 의제 중 하나로 제시했다. 여성 참정권 보장, 동일노동 동일임금, 유급 출산휴가, 낙태 합법, 이혼 간소화 등의 정책이 이어졌다. 1910년대 초 세계 여성운동을 주도했던 콜론타이(Коллонтай)는 소련 중앙위원회에 입각하여 세계 최초로 만들어진 '여성부(Женотдел, 젠앗젤)'를 이끌었다. 젠

(Жен)은 여성, 앗젤(Отдел)은 부서라는 의미다.

소련이 그랬던 것처럼 중국공산당도 1949년 인민공화국 건국 전후로 여성 인력을 중시했다. 사회 건설을 위한 노동력 동원뿐만 아니라, 정권 수립의 지지기반으로도 긴요했다. 소련과 중국은 모두 여성에 대한 가부장적 착취, 억압으로부터의 해방, 그리고 가사, 육아의 사회화를 선언했고, '밥공장, 공동세탁소, 탁아소'가 일반화되었다.

중국의 이런 역사는 지금도 남아 있다. '상하이의 한 노부부는 59년의 결혼 생활 동안 단 한 끼도 집에서 만들어 먹어 본 적이 없다'는 생활의 단면이 한 매체에 보도되었다. 집 밖에서 식사를 해결하는 중국인들이 많기 때문에 '영양 조찬(营养早餐)' 같은 이름으로 아침 식사를 판매하는 가게가 흔하다.

한편 러시아에서는 여성에 대한 남성의 폭력이 상존한다는 보도가 나와서, 사회주의의 역사를 들어본 이들에게 인지 부조화를 일으킨다. 러시아에서 가정폭력으로 사망하는 여성이 한 해에 1만 명이 넘는다는 미확인 보도가 있었다. 이것은 사회주의 역사와는 별개로, 러시아에서 여성을 대상으로 한 폭력의 역사, 그리고 세계대전 후 남성 인구의 급감으로 인한 비정상적 성비 등이 사회문화적 배경으로 작용한 탓이다. 그런데 2017년 러시아에서 가정폭력의 처벌을 완화시키는 실망스러운 법안이 통과되었다. 가정폭력이 1년에 1회 이내일 경우, 피해자의 뼈가 부러지지 않았을 경우에는 가해자를 구류 15일 이내 또는 가벼운 벌금형 정도에 처하는 내용이다.

××××××××××××××××××××××××

오월 미녀와 슬라브 미인

××××××××××××××××××××××××

'동슬라브 나라들에 가면 배우 같은 외모의 여성들이 밭 가는 일을 하고 있다.' 한국의 항간에 오가는 속설이었다. 이 속설은 다분히 여성 외모 중심주의적이다. 서양인들도 '미인이 많은 나라' 류의 속설을 얘기했다. 여기에 남미의 브라질, 중동의 레바논 등과 함께 빠지지 않고 등장하는 나라들이 '동슬라브 3개 나라'다. 동슬라브 3개 나라는 '러시아, 우크라이나, 벨라루스'다. '벨라루스'는 '벨로루시'라고도 불렸는데 해당 정부에서 '벨라루스'로 정식 표기해 줄 것을 요청해왔다. '벨로' 또는 '벨라(Бело)'라는 단어가 바로 '흰(백)'이라는 뜻의 러시아어다.

슬라브 민족의 기원에 대해 다양한 학설이 존재하지만, 어느 정도 합의된 견해는 슬라브 민족의 이동과 정주(定住) 그리고 문자와 종교의 형성이 유럽의 다른 민족과 국가들에 비해 다소 늦었다는 것이다. 남슬라브인들은 발칸 반도 중북부의 불가리아, 마케도니아, 몬테네그로, 세르비아, 크로아티아, 슬로베니아에 산다. 서슬라브인들은 폴란드, 체코, 슬로바키아에 산다.

동·서·남 슬라브인들 간에는 언어의 유사성이 상당히 있어서 하나의 언어를 알면 다른 나라 언어에 대한 이해가 빨라진다. 문자와 종교 측면에서 동슬라브, 불가리아, 세르비아는 그리스 자모에서 파생된 슬라브 자모를 쓰고 정교회의 영향이 강하다. 나머지 나라들은 라틴 자모를 쓰고 가톨릭의 영향이 강하다.

동슬라브 3개 나라는 러시아어와 자국어를 구사하고 인구는 슬라브 민족 중에서 가장 많은 2억 명가량이다. 과거 13세기 몽골 제국의 유럽 침공은 러시아와 우크라이나 등을 정복하고 더 이상 북서진하지 않아서 벨라루스 앞에서 멈추었다. 이 때문에 러시아와 우크라이나에서는 슬라브 민족 특유의 외모에 동양적인 용모가 더해진 인상을 볼 수 있다.

중국으로 말할 것 같으면 개혁개방 후 시장경제 체제가 도입되면서 용모와 관련된 소비에 관심이 매우 높아졌다. 개혁개방 이전에는 화장하는 여성이 드물었다. 이후 화장품, 의류 등의 제품과 미용, 성형, 셀카 관련 서비스 등의 활황이 경향을 대변했다. '얼굴값(颜值, 안치) 경제'라는 용어가 바로 용모를 위해 쓰는 소비의 대명사다. 중국에서는 예쁜 사람에게 '얼굴값이 높다'고 하고 제품의 디자인이 좋아도 '얼굴값이 높다'고 표현한다. 같은 이름의 영화가 개봉됐고, 외모를 지수화해서 소비자에게 알려주는 앱

이 등장할 정도였다.

중국에도 전통적인 '미녀 지역' 개념이 있다. '오월(吳越) 미녀'는 물산이 풍부하고 문화가 발달했던 소주(苏州)와 항주의 미녀를 말한다. 오월 미녀는 얼굴색이 희다고 하는데 중국인들이 '고대 4대 미녀'의 으뜸이라고 꼽는 월나라의 서시가 대표적이다. 나머지 3명의 미인은 한나라의 왕소군, 당나라의 양귀비, 그리고 삼국연의에 등장하는 초선이 있다. '파촉(巴蜀) 미녀'는 사천과 중경 지역의 미녀를 뜻하는데, 키는 작지만 피부 미인이라는 묘사가 있다. '호상(湖湘) 미녀'는 호남과 호북의 미녀를 일컫는데, 중국 남방과 북방 미인의 장점을 고루 갖췄다는 평을 들었다. 호남과 호북은 장강(양자강) 중류의 유명한 동정호(洞庭湖) 남과 북에 각각 위치해 있어서 호남과 호북이다. 이렇듯 중국 전통 3대 미녀 지역은 모두 장강(양자강) 유역이라는 공통점이 있다.

현대 중국에서 연예인을 많이 배출한 '서북(西北) 미녀'는 신장(新疆) 위구르 지역의 미녀를 말한다. 이 지역에는 돌궐계의 위구르(维吾尔)족을 중심으로 우즈베크(乌孜别克), 카자흐(哈萨克), 키르기즈(柯尔克孜), 타지크(塔吉克) 등 구소련 계열의 중국 국적 소수민족들이 거주한다. 현대 '동북(东北) 미녀'는 흑룡강성, 길림성 지역의 미인을 일컫는다. 중국인들은 동북 미녀의 특징으로 키가 큰 것을 꼽는다. 한편 동북 지방이 러시아와 인접해 있어서 러시아인과의 혼혈이 많기 때문에 미녀 지역이라는 것은 확인되지 않은 속설이다.

국영 백화점과 상회

18세기 청나라 건륭제가 민정 시찰을 하기 위해 변복을 하고 어느 상점에 들어갔다. 상점은 '손님이 원하는 만 가지 물건을 전부 다 갖추고 있다'고 해서, 이름하여 '만화전(万货全)'이었다. 건륭제는 점원에게 '이 상점이 그야말로 만 가지 물건을 갖추고 있다는 그 상점인가?'라고 물은 후 주인장을 불러오도록 했다. 건륭제가 이제 다시 주인장에게 물었다. "이 상점이 손님이 원하는 만 가지 물건을 갖추고 있다는 그 상점인가?"

주인장은 아무리 사복을 입었어도 남다른 기운을 풍기는 이 손님의 기세에 눌렸다고 한다. 건륭제는 주인에게 '금으로 만든 써레가 있는지' 물었다. 주인장에게는 '대나무 써레'와 '쇠스랑'만 있었다. 건륭제는 그 상점의 주인장을 가볍게 꾸짖은 후, '만 가지 상품에는 못 이르러도 백 가지 상품은 구비하고 있으니 앞으로 백화점(百货店)이라 부르라'고 일렀나. 이것이 '백화점'이라는 말이 생겨난 배경의 고사라고 하는데, 고증이 확실히 있는 것인지는 별개의 이야기다.

중국에서 근대식 백화점은 신해혁명 후 20세기 초에 생겼다. 1917년 상하이 남경로에 호주 화교가 세운 'Sincere(先施)' 회사의 백화점을 필두로 영안(永安), 신신(新新), 대신(大新)의 4대 백화점이 있었다고 한다. 1949년 중화인민공화국 건국 이후에도 백화점이 존재하기는 했는데, 다만 1953년 이후 모든 백화점이 국유화되었다. 상하이를 예로 들면 상하이시 '제1 백화점'부터 상하이시 '제11 백화점'까지 있었다. 그 이름의 흔적이 남아 있는 것으로 상하이 서가회(徐家汇) 지역의 '육백(六百)'이라는 백화점이 있다. 이것의 전신은 개혁개방 이전의 상하이시 '제6 백화점'이다. 2000년대 이후 일본과 한국의 백화점들이 대거 중국에 진출했다. 이후 중국에서 백화점 또는 백화상점이라는 이름의 유통은 고급 유통의 대명사가 되었으나, 전자상거래의 발전에 따라 그 역할이 축소되었다. 개혁개방 이후의 중국에서 백화점 이외의 '할인마트'와 소위 카테고리 킬러라 불리는 '스포츠, 전자, 건자재 등 전문 유통점' 분야에 현대적 의미의 유통업을 전수한 것은 미국과 유럽의 기업이었다. 이후 중국 당국의 직간접 지원을 등에 업은 중국의 본토 유통 회사들이 대종을 차지했다. 그리고 오프라인 유통의 대세는 대형 복합몰 위주로 바뀌었다.

한편 러시아를 비롯한 구소련 나라의 도시들을 가보면 유럽식 건물의 '굼(ГУМ)' 백화점, '쭘(ЦУМ)' 백화점이 있다. '굼' 백화점의 경우에는 제정 러시아 때부터 영업을 했고, 소련 건국 후 1920년대에 국영화되었다. '국영 유니버설 상점(Государственный Универсальный Магазин)'의 약어를 따서 '굼(ГУМ)'이다. 소련 해체 후 1990년대에 민영화가 되고 나서는 '국영' 대신에 '최고(Главный)'라는 이름으로 바꿨는데, 약어는 같기 때문에 '굼'이라는 브랜드를 계속 썼다. 모스크바 붉은 광장(Красная Площадь)의 북동 측, 즉 크레믈 바로 맞은편에 '굼(ГУМ)' 백화점이 있다. '쭘(ЦУМ)' 백화점은 'Центральный Универсальный Магазин'의 약어다. '중앙 유니버설 상점'이라는 뜻이다.

구소련 해체 이후 자본주의 방식으로 바뀌었지만, 한동안 일부 상가에 사회주의 시절의 잔재가 남아 있었다. 예를 들면 이런 식이다. '점원은 손님이 와도 별로 적극적이지 않다. 진열대의 상품은 매력적으로 올려져 있지도 않다. 이런 상가에서 돈을 받는 계산대(Касса, 까사)는 한 층에 하나 정도씩밖에 없어서, 줄을 길게 서야 한다.' 구소련처럼 중국의 일부 구식 유통은 한 층에 하나 '수은대(收银台)'가 있었다. '은을 받는 곳'이라는 뜻이다.

그런데 중국 사회와 인민은 개혁개방 이후 빠르게 시장경제에 적응했다. 러시아와 다른 모습이다. 계산과 이재에 밝은 중국인의 오랜 전통이 사회주의하에서도 면면히 잠복해 있었기 때문이다. 중국어로 장사, 사업은 '생의(生意)'로 '삶의 뜻'이다. '의(意)'는 심(心), 왈(曰), 립(立)으로 구성되어 있다. 사업을 하는 사람은 마음과 말과 몸을 다하여야 한다는 의미일까?

개혁개방 이후 부동산, 상업, 무역 등에서 발군의 면모를 과시한 중국 각시의 유명한 상인들이 있었다. '온주(温州) 상인'을 비롯한 '절강(浙江) 상인', 그리고 '안휘(安徽) 상인', '복건(福建) 상인' 등이 그 예이다. 이들은 어디를 가나 '상회(商会)'를 결성하여 함께 사업을 도모했다. 중국인에게 '상회'의 개념은 '민간이 자율적으로 모여 상호 이익을 추구하는 법인'이다. 중국 당국은 한국인을 비롯한 재중 외국인들에게 현지 '교민회' 결성을 제어하는 대신에 '상회'는 허락해 줬다. 그래서 재중 한국 교민들도 '한국상회'의 이름 아래 모였다.

사회주의 국가가 자본주의의 총아, 광고를 하다

××××××××××××××××××××××××

마케팅과 광고는 시장경제의 정수(精髓)라 할 만하다. 물론 시대가 바뀌며 변화했다. 매체는 디지털 위주로 바뀌었다. 유통도 변했다. 소비자는 대중(大衆)이 아니라 개인, 그리고 표적화된 분중(分衆), 소중(小衆)이다. 이제 광고라는 자본주의의 총아가 매우 이질적인 사회주의 종주국 소련에서, 또 사회주의를 함께했으나 개혁개방 후 '사회주의적 상품경제'를 선언했던 중국에서, 그리고 구소련 해체 과정에 전면적 시장경제의 도래를 겪은 러시아에서 각각 어떤 모습으로 이식되었는지 알아보자.

구소련은 세계최초로 공산주의, 사회주의를 국가로 구현했던 곳이기 때문에 당 간부나 관변 학자의 입에서 다음과 같은 말이 나오는 것이 자연스러웠다. '상업광고는 부르주아 자본계급의 폐해다. 마케팅은 상품을 팔기 위해 일부러 상품을 차이 나게 한다.

인위적으로 경제를 부양하는 거품이다'.

그렇지만 상상 밖으로 소련에도 상품광고가 있었다. 1960년대 중반부터 1980년대 초반까지 소련의 서기장을 역임한 브레즈네프 시절의 상황이었다. 브레즈네프는 스탈린과 흐루쇼프의 뒤를 이은 지도자다. 초창기 소련은 국력을 키우기 위해 중공업, 군수산업 위주의 정책을 펴고 있었다. 상대적으로 경공업과 소비재에는 힘을 쏟을 여력도 이유도 없었다. 적당히 만들어서 공급하면 되었기 때문에 상품 간의 경쟁은 당연히 없었고, 상품광고는 불필요했다.

그런 가운데 브레즈네프가 소련 사회에 돌연 '상품광고'라는 아주 생소한 문화를 도입했다. 심지어 그 논리가 명백한 것도 아니었으나 수천 편의 광고가 만들어졌고 소련 사회에 방영되었다. 소련 방송에 광고가 나오는 시간은 별도의 수십 분 '광고 시간대(SB)'였다. 광고로 방송되는 상품 중에 소련 국민이 '실제 상점에서 흔히 볼 수 없는 것', 또 '아예 실존하지 않는 상품'마저 있었다고 한다. 그래도 즐길 거리가 별로 없던 소련 국민 사이에서는 광고가 재미있다며 광고를 기다려 시청하는 사람도 있었다고 한다. 1970년대 인기를 끌었던 광고는 여성 모델이 아이스크림을 다소 선정적으로 먹는 파격적인 모습을 보여준 '펭귄(Пингвин, 핀그윈) 아이스크림(Мороженое, 마로줴나예)'이다. 미국의 아이스크림 배스킨라빈스가 숫자 '31'을 강조했는데 러시아의 펭귄 아이스크림은 '33'을 내세웠다.

브레즈네프가 소련 사회에 '상품광고'를 방영한 이유를 설명한 몇 가지 주장이 있다. 브레즈네프 집권 시기는 스탈린과는 다르게 중공업 발전이 정체되어 '경공업으로 자신의 업적을 내세우려 했다', 그러면서 '브레즈네프의 소련이 살 만한 나라라는 상징 조작을 하려 했다'는 것이다. 또 브레즈네프의 성향 자체가 서구적인 문화, 제품 즉 상품경제적 요소에 대한 '기호'가 있는 인물이었기 때문이라는 설명이 있다.

다른 이야기로는, 브레즈네프가 '광고 산업'을 잘 아는 측근의 '설득'에 넘어가 그에게 이권을 주었다는 것이 있다. 이 측근은 '에스토니아 리끌람 필름(Эстонский РекламФильм)'이라는 조직을 통해 광고를 만들었고 소련에 방영했다. 러시아어로 광고는 '리끌라마(Реклама)'이고, 에스토니아는 훗날 구소련 해체 이후 분리 독립한 발트해 연안의 국가다. 브레즈네프는 당시 소련 소비재 규모의 약 1퍼센트라는 비교적 큰 금액을 광고 산업에 투입했다.

한편 중국에는 '사람들에게 널리 알린다'는 뜻의 사자성어 '광이고지(广而告之)'가 있다. 광고(广告)는 그것의 줄임말이다. 중국에서 근대적 의미의 상업광고는 청나라 말기 제정 러시아의 영향을 받은 동북 지방, 그리고 서양의 영향을 받은 상하이에서 약품, 화장품, 생활용품 등의 광고로 찾아볼 수 있다.

상업광고는 1949년 중화인민공화국 건국 직후 중국에서 사라졌다. 상업광고는 자본주의의 부패와 낭비를 상징했고, 소련을 수정주의로 비판하는 중국에서 존재할 수 없었다. 인민의 의식주에서도 자본주의 요소는 제거되었다. 예를 들어 남녀의 생활 복장은 황군장(黄军装) 같은 남성화된 모습이었다. 다만 공산당의 이념을 커뮤니케이션하는 정치광고, 선전(宣传)은 유용했다. 1960년대 들어 일부 경공업 제품을 홍콩 등지에 팔기 위해 맥주, 백주, 조미료, 차음료, 담배, 한방약 등 상품광고가 만들어졌다.

그러나 1978년 덩샤오핑의 개혁개방과 '사회주의적 상품경제' 주창은 중국 사회를 일거에 바꿨다. 갑자기 외국 상품의 광고가 등장했다. 신문광고 중에서 최초의 외국 브랜드는 스위스의 라도 시계였다. 이후 발 빠른 일본 소비재 회사들이 중국 시장을 겨냥해 광고를 집행했다. 도시바가 중국과 기술 합작을 한다는 내용, 세이코 시계가 기술이 뛰어나다는 내용 등이었다. 이후 티브이에도 광고가 나오기 시작했다. 일본의 시티즌 시계, 미국 웨스팅하우스 가전제품, 그리고 콜라, 청바지 광고가 이어졌다. 중국 각 지역에 옥외광고가 등장했다. 베이징 서단에는 일본 산요, 동단에는 일본 마쓰시타(파나소닉 전신), 왕푸징에는 일본 소니의 옥외광고가 걸렸다. 왕푸징 백화점 쇼윈도에 마쓰시타 세탁기, 오디오, 티브이 곁에서 웃는 주부 마네킹이 연출되었다. 스위스 라도 시계는 신문광고를 내보냈다. 중국어로 레이다(雷達)는 외래어 '레이더'를 말하는 한자인데, '라도표(雷達表, 레이다뱌오)' 브랜드와 표기가 같다. 표(表, 뱌오)는 수표(手表, 손목시계)를 뜻한다.

당시 일반 중국인들은 거세게 반발했다고 한다. 중국인들은 외국 광고에 '매국주의(卖国主义)'라는 글을 붙이고, '서양을 숭상하고 외세에 아첨한다(崇洋媚外, 숭양 미외)'는 구호를 외쳤다. 이러한 당시 중국인들의 태도를 단지 체화된 사회주의 의식의 발로라고만 단정하기는 어렵다. 왜냐하면 이후로도 중국 내에서 외국 브랜드들이 광고와 마케팅을 할 때 비슷한 양상의 애국주의적, 또는 국수주의적 반감이 때때로 터져 나왔기 때문이다.

외국 브랜드들이 중국 시장과 소비자에 대해 무지해서, 또는 실수로, 아니면 단순한 오해로 벌어진 이런 광고·마케팅의 역작용 사례는 개혁개방 이후 계속되었다. 일본 토요타의 프라도(霸道, 패도) 인쇄 광고 사례가 대표적이다. 한 마리의 돌사자 상이 지나가는 프라도에게 경례를 하고, 또 한 마리는 프라도에게 고개 숙여 인사한다. 광고 문안은 "너는 존경하지 않을 수 없다(你不得不尊敬)"였다. 중국 소비자는 '돌사자가 중국을 상징한다'고 생각했다. 즉, 중국이 일본 차에 고개 숙인 것이었다. 토요타의 사륜구동 랜드크루저(陆地巡洋舰, 육지 순양함) 광고는 고산 고원에서 랜드크루저가 녹색의 낡은 트럭을 견인하는 내용이다. 중국 소비자들은 '녹색 낡은 트럭은 중국'이라고 보았다. 또한 중국인은 중국을 상징하는 반룡(盘龙)이 '잘 페인트칠 된' 기둥에서 미끄러지는(滑落) 일본 페인트 입방칠(立邦漆)의 광고에 분노했다.

나이키의 티브이 광고는 이소룡 영화를 패러디한 내용이었다. 미국 프로농구 선수가 공포의 방들(恐惧斗室)을 지나며 '돌사자 두 마리, 노인, 비천상 닮은 여인, 용 두 마리'를 격퇴했는데, 돌사자, 노인, 여인, 용 등이 중국을 상징한다고 보았다. 맥도날드도 실수를 범했다. 중국인 소비자가 맥도날드 직원 바지를 붙잡고 꿇어앉아 "형님(大哥), 할인 혜택을 주세요"라며 통사정하는 모습이었다. 광고 말미 이 중국인은 "다행히 맥도날드는 이 호기를 놓쳐

쓰라려하는 내 심정을 헤아려 혜택을 주었다(幸好麦当老了解我错失良机的心痛给我365天的优惠)"고 말했다. 중국인들은 자존심이 상했다. 돌체앤가바나의 광고에서 '젓가락을 서툴게 움직여 피자와 스파게티 등 이탈리아 음식을 먹는 장면'이 중국을 무시했다고 봤다. 버거킹 광고에서도 '젓가락으로 햄버거 먹는 모습'이 중국을 비하했다고 격분했다.

중국의 시장경제에서 해외 브랜드들이 중국 소비자의 마음을 잡으려면 고려해야 할 것이 매우 많다. 중국인이 좋아하는 중국 문화적 요소(中国元素)를 잘 활용해야 한다. 중국인들이 좋아하는 색깔, 숫자의 의미, 중의적인 언어의 함의, 그리고 상서로운 상징적 길상(吉祥) 등을 알고 있어야 한다.

구소련은 1980년대 중반 이후 개혁, 개방 그리고 자유화의 역사를 맞이했고 1990년대 초 해체되었다. 즈음하여 1989년 모스크바 푸시킨 광장에 외국 브랜드 옥외광고가 설치되었다. 코카콜라의 광고였다. 다른 나라에 비해 러시아에는 옥외광고가 상당히 많았다. 옥외광고가 허가 권한을 갖고 있는 관청의 수입원이 되기 때문이었다.

러시아 사람들은 상대적으로 외국 브랜드에 포용적인 편이다. 상품의 '원산지 효과(Country-of-Origin Effect)'가 높아서 마케팅의 요소로 활용되었다. 애국심을 유도하는 마케팅 사례는 러시아의 일부 토종회사에서 보였다. '우리의 것(Наш, 나쉬)' 대 '우리 것이 아닌 것(Не Наш, 니 나쉬)', 또 '자신(Свой, 스보이)' 대 '외국(Чужой, 추조이)' 등의 테마가 있었다. 중국에서는 전자, 의류, 신발,

식음료, 인테리어 등에서 애국 마케팅을 노골적으로 전개하는 본토 회사가 많고 호응이 크다.

한편 중국, 러시아 당국 모두 체제의 선전을 위한 정치광고, 그리고 공익광고를 수단으로 한 계몽에 힘을 쏟는다. 중국 당국은 흔히 옥외광고 매체를 공익광고, 선전용 정치광고로 활용한다. 예를 들어 중국 특색의 '사회주의 핵심 가치관(社会主义核心价值观)' 12개 단어를 옥외광고로 계도하고자 한다. '부강', '민주', '문화 교양(文明, 문명)', '조화 총화(和谐, 화해)'는 국가 차원의 목표. '자유', '평등', '공정', '법치'는 사회 차원의 목표. '애국', '자신의 본분을 다하기(敬业, 경업)', '신의 성실(诚信, 성신)', '주변과 사이좋게 지내기(友善, 우선)'는 개인이 지켜야 할 사항이다.

××××××××××××××××××××××××

가장 많은 시간대-러시아, 하나의 시간대-중국

××××××××××××××××××××××××

중국에서는 어떤 인물이 등장해서 나라를 세우거나 군주가 바뀌면 시간을 계산하고 연도의 이름을 정해서 통치권의 권위를 드러내고자 했다. 그렇게 군주의 치세 연차에 붙이는 이름이 연호(年號)다. 한나라의 무제가 건원(建元)이라는 연호를 정한 것이 그 처음이다.

우리, 일본 그리고 베트남도 연호를 썼다. 고구려의 광개토대왕비에서 영락(永樂)이라는 연호가 발견되었다. 조선은 명나라의 연호를 그대로 사용했다. 중국의 영향권 아래에 있다는 것을 스스로 밝힌 셈이다. 고종 말기에 다시 우리의 연호를 썼다. 건양(建陽), 광무(光武) 등이 그것이다. 일제강점기에는 일본의 연호를 쓸 수밖에 없었다.

미국 군정기에는 서력 기원(서기)를 사용했다. 정부수립 후

1948년부터 1961년까지는 '단군 기원(단기)'의 연호를 썼다. 이후 한국의 공용 연호는 '서기'로 돌아왔다. 일본은 아직도 소화(昭和), 평성(平成), 령화(令和) 같은 그들의 연호를 쓰고 있다.

1911년 신해혁명으로 중국의 군주제가 무너질 당시까지 청나라 마지막 황제 푸이의 연호는 선통(宣统)이었다. 이후 쑨원 중화민국의 연호는 민국(民国)이고, 1912년은 민국 원년이다. 1949년 10월 1일 중화인민공화국 수립일 이전인 9월 하순부터 '연대를 적는 법(纪年法, 기년법)'을 서기로 바꾸었다. 그런데 기독교식 문화인 서기를 중국에서 정식으로 부르는 이름은 서기가 아니고 '공원(公元, 公历纪元, 공력 기원)'이다. 그리고 양력 새해 첫날은 '원단(元旦)'이다.

중국에서는 시간대를 '시구(时区)'라고 한다. 신해혁명 이후 중화민국의 시구는 5개가 있었다. 먼저 중화민국의 수도인 남경, 전통적으로 중원이라 불려온 하남, 그리고 베이징, 홍콩, 대만까지 포함해서 그리니치 표준시보다 8시간 빠른 구역을 '중원(中原) 시구'라고 했다.

두 번째로 중원보다 동북쪽으로 그리니치 표준시보다 9시간 빠른 길림, 흑룡강 구역은 '장백(长白, 백두산) 시구'다. 세 번째 중원의 서쪽으로 그리니치 표준시보다 7시간 빠른 섬서(약칭 陇, 롱), 사천(약칭 蜀, 촉) 등은 '롱촉 시구'다. 네 번째 더 서쪽으로 그리니치 표준시보다 6시간 빠른 신장(新, 신)의 일부, 티베트(藏, 장) 등은 '신장 시구'다. 그리고 가장 서쪽으로 그리니치 표준시보다 5시간 빠른 곤륜(昆仑)산맥 서쪽은 '곤륜 시구'다.

그러나 중국공산당은 중국의 시간대를 '베이징 시간' 하나로 완전히 통일했다. 동쪽으로 러시아 극동 하바롭스크 인근의 중국 땅과 서쪽으로 신장 위구르 지역까지 모두 '베이징 시간' 하나에 맞춰져 있다. 만약 출근 시간이 아침 9시라고 한다면, 신장 객십(喀什) 지역에서는 대략 아침 6시까지 출근을 해야 하는 셈이다. 그래서 서부 신장 지역 실생활에서는 '베이징 시간' 12시나 11시에 출근 시간을 맞추는 등의 방식으로 변형했다.

하나의 나라에서 여러 시간대를 사용하는 데 따른 혼란을 최소화하고, 사회 제 분야에서 효율성을 추구하기 위하여 '베이징 시간'으로 통일했다고 한다. 강력하게 집중된 권력과 이에 일사불란하게 순응할 수밖에 없는 중국 사회를 상징적으로 보여주는 것이 바로 '베이징 시간'이다.

반면에 러시아는 동서로 길게 뻗은 세계 최장, 최대의 국토에 걸맞게 무려 11개의 시간대를 가졌다. 가장 동쪽으로는 미국 알래스카 사이에 있는 베링해 연안과 캄차카반도가 그리니치 표준시보다 12시간 빠른 구역이다. 가장 서쪽으로 러시아 본토와는 '고립 영토'인 칼리닌그라드가 폴란드와 리투아니아 사이에 있는데, 이 지역이 그리니치 표준시보다 2시간 빠른 곳이다. 고립 영토를 제외하더라도 모스크바 시간대가 그리니치 표준시보다 3시간 빠른 구역이니, 웬만해서는 동서로 매우 긴 이 나라의 시간 차이를 짐작하기가 쉽지 않다.

러시아는 2000년대 들어서 시간대를 몇 개 줄이는 행정조치를 취했다가 다시 11개 시간대로 환원했다. 그러니 만약에 러시아에서 기차 여행을 한다면 시간 표시를 주의해야 한다. 기차역 현장이나 철도 인터넷에서의 시간표는 모스크바 시각에 맞춰져 있기 때문이다. 극동의 블라디보스토크에서 출발하는 시베리아 횡단철도를 탈 때도 모스크바 시각으로 출발 시간을 계산해야 한다.

러시아와 중국 사람들도 다른 나라 사람들처럼 12월 마지막 날(Последный День Декабря) 해가 바뀌는 시각에 맞춰 거리로 나와 서로 요란하게 축하를 나눈다. 다만 러시아에서는 시간대별로 11번 새해를 맞이하고 중국에서는 대륙 전체가 단번에 새해를 맞이한다.

×××××××××××××××××××××××××××

반파시스트 전쟁 기념일

×××××××××××××××××××××××××××

중국에서 조직을 운영하다 보면 인력관리가 만만찮다. 특히 긴 연휴를 마치고 나면 복귀하지 않거나 사표를 내는 인력이 많다는 것을 알게 된다. 고향에 갔다가 돌아오지 않는 인력이 있고, 연휴 기간을 이용하여 이직을 하는 인력도 있다.

중국 국무원이 발표한 '전국 연간 공휴일 운영안(全国年节及纪念日放假办法)'에 '3개의 긴 연휴'가 공식화되면서, 이에 수반되는 문화들이 나타났다. '3개의 긴 연휴(长假, 장가)'는 '설날인 춘절', '5월 1일 노동절', 그리고 '인민공화국 수립의 10월 1일 국경절'이다. 각각의 연휴는 일주일가량이고 일본식으로 '황금주(黄金周)'라고도 부른다. 이때 중국의 그 많은 사람들이 한꺼번에 쉬니까 전국의 명승고적은 몰려든 인파에 북새통이 된다.

한(汉)나라 때 관원들의 공휴일은 '4일 일하고 하루 쉬며 목욕하는 날(五日一休沐)'이었다. 그리고 하지와 동지에 쉬었다. 당나라 때 관원들의 공휴일은 '9일 일하고 하루 쉬며 목욕하는 날(十日一休沐)'이었다. 이후로 송, 원, 명, 청대를 거치며 절기가 추가되고 빠지는 등 변화가 있었다.

1949년 인민공화국 건국 이후 공휴일은 '6일 일하고 하루 쉬는 주일(周日)' 규정이었다. 1994년에 국무원은 번갈아서 한 주는 '토·일요일 이틀 휴무하는 큰 주(大礼拜, 대예배)', 한 주는 '일요일 하루 휴무하는 작은 주(小礼拜, 소예배)' 규정을 발표했다. 이것은 개혁개방 후 주휴무가 많은 서방의 영향을 받은 것이다. 오래 지나지 않아 1995년부터는 주5일 근무하고 이틀을 쉬는 것으로 단일화되었다. '예배(礼拜)'는 '성기(星期)'와 함께 '요일, 주'를 이르는 말이다.

앞서 설명한 1999년에 명문화된 3개의 '긴 연휴' 제도는 2008년부터 2개의 '긴 연휴'와 5개의 '작은 긴 연휴(小长假, 소장가)'로 바뀌었다. '긴 연휴'에 '설날 춘절'과 '10월 국경절'은 그대로 두고, 신정(元旦, 원단), 청명절, 노동절, 단오절, 중추절의 5개는 각각 3일의 소장가가 되었다. 당국은 청명, 단오 등 절기상 날짜를 공식적인 연휴로 만든 것에 대하여 중국의 전통을 살렸다고 강조했다. 그러나 여론조사를 보면 '긴 연휴'가 3개 있는 것이 더 낫다는 편이다.

중국 당국은 휴일 중첩을 막고 연휴를 보장하기 위해서 연휴 근처의 '토, 일요일을 근무일로 바꾸는 대체 근무일'을 전년도 연말에 발표한다. 이런 방식은 러시아도 비슷하다.

그래서 러시아의 연휴는 대개 '연말부터 다음 해 1월 8일까지 이어지는 9~10일간의 신정 연휴(Новый год & Новогодние каникулы)', 그리고 대체 근무일과 대체 휴일로 조합된 '3~4일짜리 연휴 몇 개'로 이루어진다. 여기에는 '군인의 날'이라고 할 수 있는 2월의 '조국 수호일(День защитника отечества)', 3월 8일 '세계 여성의 날', 5월 1일 '노동절(Праздник весны и труда)', 5월 9일 '승리의 날(День победы)', 구소련 해체 후 러시아가 만들어진 6월 12일 '러시아의 날(День России)', 1612년 폴란드의 모스크바 침공을 격퇴한 날과 볼셰비키의 10월 혁명(율리우스력)을 기념하는 등 여러 가지 의미가 섞여 있는 11월 4일의 '국민 통합의 날(День народного единства)' 등이 있다.

중국은 음력으로 설날(춘절)을 맞이한다. 러시아도 그레고리력으로 된 서방과 달리 율리우스력으로 따진 1월 7일(7 Января)이 크리스마스(Рождество Христово)이고, 새해는 1월 14일쯤 된다. 율리우스력의 특성상 점점 늦어질 수 있다고 한다.

러시아나 중국이나 세대를 거쳐 가며 차츰 12월 25일 웨스턴 크리스마스(圣诞节), 2월 14일 밸런타인데이, 3월 14일 화이트데이 같은 서방식 기념일이 득세하게 되었다. 중국의 전통적 정인절(情人节)이었던 칠월칠석은 그 위치를 밸런타인데이에 넘겨주었고, 화이트데이는 중국에서 백색 정인절(白色情人节)로 불리운다.

러시아와 중국의 기념일과 관련된 특이점이 또 있다. 먼저 제2차 세계대전을 바라보는 관점이다. 중국은 2차 세계대전을 중국 인민의 '반파시스트 항일 전쟁 승리'로 본다. 그래서 1945년 9월 3

일을 '일본의 투항일'로 삼고 기념한다. 중국은 자신들의 승리가 2차 세계대전 종전에 큰 공헌을 했다고 여긴다.

러시아는 독일이 독소 불가침조약을 깨고 소련을 침공하여 자국민 2천 5백만 명 이상이 희생된 2차 세계대전을 '반나치파시스트 조국수호 전쟁'으로 규정한다. 독일에 대한 소련의 승리가 아니었다면 폴란드, 헝가리, 오스트리아, 체코의 해방도 없고, 세계대전의 승리도 없었을 것이라는 주장이다. 그런데 현대 러시아에는 매년 4월 20일 히틀러의 생일 주간에 러시아 스킨헤드 인종주의자들이 유색 인종을 공격하는 등 이율배반적 모습이 존재한다.

러시아와 중국은 5월 1일 노동절을 함께 기념한다. 사회주의 역사와 맥락을 함께하는 1889년 제이 인터내셔널에서 표방된 국제 노동절이기에 중국과 러시아에게 의미가 있다. 원래 노동절의 뿌리인 미국이나 캐나다, 뉴질랜드 등이 노동절을 하반기로 옮긴 것과 대조적이다. 중국은 5월 1일 전국 노동모범 표창 등을 대대적으로 진행한다.

××××××××××××××××××××××××××

초장거리 철도로 잇는 대륙

××××××××××××××××××××××××××

춘절, 명절에 고향을 방문하는 중국 귀성객에게 인기 있는 교통수단은 기차다. 교통정체가 없고 비교적 안전하다. 기차를 중국에서는 기차(汽车)가 아니라 '화차(火车)'라고 부른다. 글자가 다른 '기차(机车)'는 '기관차'를 뜻하며, 기관차의 또 다른 중국어 이름은 '화차머리(火车头)'다. 중국 대륙의 일부와 대만에서는 오토바이를 '기차(机车)'라고 부르기도 한다. 반면 열차(列车)는 중국에서도 기관차에 매달려 있는 객차나 화물열차를 칭한다. 움직일 '동' 자를 쓴 동차(动车)의 경우에는, 고속철 시대에 접어들어 맨 앞과 뒤에서 끌고 미는 동력 기차를 뜻한다.

중국의 철도 역사는 러시아의 영향을 상당히 받았다. 러시아와 중국의 교통수단 중에서 철도의 비중은 상당히 높다. 캐나다, 브라질, 호주 등 넓은 국토를 가진 나라들과 비교해도 러시아와 중국은 철도의 역할이 중요하다. 여객 수송 분담률, 산업화물 수송 분담률이 철도의 중요성을 나타낸다. 미국은 철로 총연장이 길 수 있지만 실질적인 여객 운수는 항공이 주도한다.

러시아는 광활한 국토에 걸맞게 말 그대로 초장거리 철도가 수두룩하다. 블라디보스토크에서 모스크바까지 시베리아를 가로지르는 철도는 9,300km를 달린다. 러시아 사람들은 뜨거운 차를 마시기 위해서 집이든 어디든 물 끓이는 사모바르를 애용하는데, 장거리 객차에도 당연히 물 끓이는 장비가 있다. 이러한 설비의 영향으로 장거리 철도에서 한국 즉석 라면, 특히 네모 도시락 모양을 쉽게 볼 수 있다.

제정 러시아 시절 19세기 초부터 건설이 시작된 러시아의 철도는 유럽으로 연결되었다. 1890년경부터는 시베리아 횡단철도를 건설하기 시작했다. 1900년에 극동 우수리강 유역에 철로가 놓여졌다. 1903년에는 러시아인이 만든 만주 철도가 완공되었다. 당시 청나라의 동북쪽 그러니까 지금의 흑룡강성, 길림성과 요녕성의 하얼빈이나 장춘, 심양 등을 T자로 연결했기에 '중국 동쪽 철로(Китайско-Восточная Железная Дорога)'라고 했다. 중국인들은 '중동(中东) 철로' 또는 청나라의 동쪽이라 해서 '동청(东清) 철로'라고 불렀다. 제정 러시아는 이러한 철로를 이용하여 만주 지역의 자원을 유럽 쪽 러시아로 운반해 오고자 했다.

러시아가 중국 땅 하얼빈 등지에 부설한 만주 철도는 동아시아 역사의 증인이다. 1904년 러일전쟁 후 일본은 러시아 영향력 아래 있던 여순, 대련과 남만주 철도를 탈취했다. 1909년 7월 일

안중근 의사는 위 사진 네모 지점의 삼각형 방향으로 실탄을 발사했다. 위 사진을 촬영한 2013년까지도 하얼빈역에 안중근 의사와 관련한 어떤 기념물도 없었고 단지 삼각형 모양으로 표시해 두었을 뿐이었다. 한중 협의 후 2014년에 이르러서야 비로소 하얼빈역 인근에 안중근 의사 기념관을 만들었다. 그 이전까지는 흑룡강성 조선족 사회가 하얼빈시 외곽 조선족 학교 한편에 안중근 의사 기념관을 운영했다.

본 내각은 한일병합을 의결했다. 1909년 10월 안중근 의사는 하얼빈역 러시아 의장대 사이에 서 있다가 초대 한국 통감 이토 히로부미를 사살했다.

제정 러시아의 영향을 많이 받은 중국 동북 지방의 단위 면적당 철도 부설 밀도는 전국 최고 수준이다. 비록 개혁개방 이후에 중국 대륙 동부 연안 도시들에 밀려 경제 발전이 다소 더뎠지만, 중국 동북 3성의 인프라와 부존 자원은 잠재력이 크다.

또한 이 지역은 한반도, 중국, 러시아, 일본이 상호 교차하는 지정(地政)·지경(地经)적 요충지이기에, 상황의 전개에 따라 교통 운수의 여건은 변화할 것이다. 우선 러시아는 극동의 남단 하산(Хасан)부터 북한의 나진, 선봉까지 철도로 연결해 놓았다. 50여km에 불과하지만 상징적, 실질적 의미가 있는 이 구간은 2014년에 완공되었다. 일본은 연해주-사할린-북해도 철로를 연구했다.

중국은 러시아로부터 철도 기술을 전수받았다고 해도 과언이 아니지만, 현재는 러시아를 앞서 있다. 상하이는 2003년 세계 최초로 상업화한 자기부상열차(磁悬浮列车)를 놓았다. 그리고 중국은 고속 철도 분야에서 특히 괄목할 성장을 이루었다. 중국의 전 국토를 4종4횡(四纵四横)으로 엮는 고속 철도망을 건설했다. 더불어 높아진 고속 철도의 차량 생산과 철로 건설 경쟁력을 바탕으로 세계 수출에 성공해 고속철 분야의 선도자였던 독일, 일본, 프랑스를 무색하게 했다.

중국의 철도 차량 생산을 담당하던 남차(南车)와 북차(北车)가 합병한 '중국중차(中车)'는 100여 개 나라에 철도 차량과 지하철 차량을 수출했는데 유럽, 인도, 미국까지 포함되었다. 그리고 철로와 교량 건설 등에 특화된 '중국중철(中铁)주식회사'는 국내외 공사를 수주했다.

베이징과 모스크바를 연결하는 고속 철도 공사는 2017년 시작되었다. 아시아와 구라파(유럽)를 고속으로 잇는다는 의미로 중국에서는 '아구(亚欧) 고속철'이다. 1단계는 모스크바에서 카잔(Казань)까지, 그리고 연이어 카자흐스탄, 몽골을 거쳐 베이징까지 7,000여km를 30시간에 주파하는 것이다. 대부분의 자금, 영하 40도를 견디는 차량 생산 등 주요 부분을 중국이 맡았다. 해발고도 4,000미터가 넘는 고산 구간이 장장 1,000km에 이르는 청해-티베트 노선, 그리고 대련-하얼빈 노선 등에서 중국의 기술력이 검증되었기 때문이다.

×××××××××××××××××××××××××

제이 세계의 하늘에는 미그, 수호이, 이르쿠트, 일류신, 투폴레프

×××××××××××××××××××××××××

국제항공, 동방항공, 남방항공을 중국 3대 '민항(民航)'이라고 한다. 한국의 민항은 '민간 항공사'를 말한다. 중국의 민항은 민간(사유) 항공사가 아니다. 중국의 민항은 '민용(民用) 항공'으로 '민간인이 이용하는 항공'이라는 의미다. 중국의 주요 민항은 국유기업이다. 그것도 중화인민공화국 건국 이후 한참 동안 정부 내의 조직 중 하나였다가 국유기업으로 바뀐 것이다.

중국 항공사의 이러한 형태와 운영은 소련·러시아를 닮았다. 1922년 소련 건국 후 1923년에 국영항공이 설립되고 모스크바로부터 첫 운항을 시작했다. 1932년에 이름이 '아에로플로트(Аэрофлот)'가 되었다. 아에로플로트는 항공 노선만 운영한 것이 아니라 긴급의료, 농업, 소방 등 공무를 위한 항공기·헬리콥터 운영과 각 도시의 공항관리까지 맡았다.

소련의 아에로플로트는 1930년대부터 1980년대까지 운항편수와 여객수에서 세계 최대급 항공사였다. 여객기는 소련의 각 연방에서 제작하여 사용했다. 일류신(Ильюшин), 투폴레프(Туполев), 그리고 세계최대 비행기로 유명한 우크라이나의 안토노프(Антонов) 등이 쓰였다. 소련 시절에는 여객기가 활주로에 안착하면 승객들이 박수를 쳤는데 현대 러시아에도 이 전통은 남아 있다.

구소련 해체 후 1992년에 아에로플로트는 300여 개의 항공사 및 조직으로 분화되며 위축되었다. 2000년에 이름이 '아에로플로트 러시아 항공사(Аэрофлот-Российские Авиалинии)'로 약간 바뀌었다. 아에로는 '공중', 플로트는 '함대'라는 뜻이다. 러시아 정부가 지분의 반 이상을 갖고 있다. 러시아 국기가 표기되어 있고, 심볼에는 소련 때부터 사용하던 낫과 망치가 들어 있다. 국내선에서는 국산 중형 여객기 수호이(Сухой), 이르쿠트(Иркут) 등이 사용되었다.

러시아는 2006년에 미그, 수호이, 이르쿠트, 일류신, 투폴레프 등 이름만 들어도 알만한 유명 비행기 제조 조직을 '연합 항공기 제조회사(ОАК, Объединённая Авиастроительная Корпорация)'로 합쳤다. 중국은 2008년 상하이에 '중국 상용비행기 유한책임공사(中国商用飞机有限责任公司, COMAC)'를 세우고 중형 여객기를 생산했다. 2017년, 러시아와 중국의 이 두 회사는 '중·러 국제상용항공기 유한책임공사(中俄国际商用飞机有限责任公司, CRAIC)'라는 합자회사를 설립했다. 러시아의 축적된 항공 기술과 중국의 제조 능력을 결합하여 대형 여객기를 생산하는 합자회사다. 중국,

러시아 항공사들의 주력 여객기는 미국의 보잉(波音, 파음, 뽀인)이나 유럽의 에어버스(空中客车, 공중객차)였다.

1949년 중화인민공화국 건국 이후 항공 상황은 소련을 닮았다. 인민혁명 군사위원회 산하에 민용항공국이 있었다. 그 아래 중국항공이 아에로플로트처럼 민용항공과 긴급의료, 농업, 소방 등 공무항공, 그리고 공항관리를 담당했다. 30여 대의 소형 항공기를 보유했다고 한다.

1978년 개혁개방 후 덩샤오핑의 지시에 따라 중국민항은 더 이상 공군의 지시를 받지 않는 국유기업 형태가 되었다. 1987년부터 중국민항과 공항관리는 분리되었다. 6개의 주요 민항이 정해졌다. 중국국제항공공사, 중국동방항공공사, 중국남방항공공사, 중국서남항공공사, 중국서북항공공사, 중국북방항공공사가 그것이다. 2000년부터 3대 민항이 지정되었다. 국제항공, 동방항공, 남방항공이다. 이들 3대 민항은 국유기업이면서, 국무원 산하 교통운수부 관리를 받는 중국 민용항공국 휘하에 있다.

중국국제항공공사(Air China)는 중국인이 국항(国航)이라고 부른다. 베이징 수도 공항이 거점이다. 중국서남항공과 합병해서 사천성 성도의 쌍류(双流) 공항도 거점이다. 2007년 스타 얼라이언스(星空联盟, 성공 연맹)에 가입했다. 비행기 꼬리 수직날개의 심볼은 중국인들이 신성시하는 봉황이자 영문 'VIP'의 형태다. 국제항공은 중국의 경제성장과 인구를 등에 업고 세계적 항공사가 되었다.

중국동방항공공사(China Eastern)는 동항(东航)이라고 부른다. 상하이 포동(浦东), 홍교(虹桥) 공항이 기점이다. 서북항공, 운남항공과 합병해서 서안(西安)과 곤명(昆明)도 거점이다. 1985년 중국 최초로 생긴 민간(사유) 항공회사 상하이항공(上航)을 2000년에 합병했다. 2011년 스카이팀(天合联盟, 천합 연맹)에 가입했다. 심볼은 동중국해의 푸른색, 동쪽 태양의 붉은색, 그리고 길조이자 익조인 제비가 들어 있으면서 영문 CE의 형태다.

중국남방항공공사(Chian Southern)는 남항(南航)이라고 부른다. 광주 백운(白云)공항이 거점이다. 북방항공과 합병해서 심양, 길림, 대련, 하얼빈도 거점이다. 항공기 숫자와 여객수에서 중국 최대, 아시아 1위를 차지했다. 심볼은 파란 수직날개 가운데 중국 남방의 상징인 붉은 목면화(木棉花)다.

1993년 생긴 민간항공 해남(海南)항공은 단기간에 크게 성장했다. 해항(海航)이라고 불렸다. 무분별한 국내외 투자와 사세 확장으로 물의를 빚었다. 심볼은 상상의 새 대붕 금시조(大鹏金翅鸟)의 날개와 여의주(如意珠)의 조합이다. 춘추(春秋)항공은 중국 최초 민간 저가항공이다. 여행사에서 시작되었다. 중국의 공항은 보잉737급 이상이 뜨고 내릴 수 있는 공항만 100개를 훌쩍 넘는다. 상하이 국제공항은 포동, 홍교가 있고 베이징의 국제공항은 수도공항 이외에 2019년에 준공된 제2 국제공항 다싱(大兴)공항이 있다.

김일성 전용 차량 '지스'
-스탈린의 이름을 기념한 공장의 자동차

항공, 우주, 군수 분야에서 앞서갔던 사회주의 국가들이지만 상대적으로 승용차 산업은 그다지 발전하지 못했다. 사회주의 국가들에서는 집권층을 제외한 일반 시민들이 승용차 산업을 견인할 소비시장이 되지 못했기 때문이었다. 소련에서 가장 큰 승용차 생산 조직이었던 바즈(ВАЗ)의 쥐굴리(Жигули) 승용차도 적당한 성능에 저렴한 가격으로 유명했으나 소련·동유럽용에 그쳤다.

바즈는 '볼가강(Волжский)의 자동차(Автомобильный) 공장(Завод)'이라는 의미다. 쥐굴리도 볼가강 근처의 산과 도시 이름이다. 사회주의 국가에서 일반인들에게 공급하는 공산품을 만들어 내는 조직의 이름은 대개 '지역 이름-숫자-무슨 공장' 이런 식이었다. 중국의 경우를 보더라도 지금은 기업으로 변신하여 유명한 치약, 세제 등을 판매하는 나아이스 그룹이 과거에는 '여수 57 화학 공장'이었다. 북한도 비슷하다.

쥐굴리 승용차를 해외에 팔아 보려니까 외국인들이 발음하기도 어렵고, 또 '제비족'을 그린 영화 <아메리칸 지골로>의 주인공 지골로(Gigolo)를 생각나게 하여 브랜드를 라다(Lada)로 바꾸었다. 라다는 '바이킹의 긴 배'라는 의미를 가졌다. 그래서 라다 승용차에 바이킹의 긴 배 심볼이 붙었다. 쥐굴리는 태동 때부터 소련의 독자적 내연기관 기술이 아니라 서유럽 회사와 제휴하여 만들어진 것이었다. 라다 브랜드와 바즈 회사는 구소련 해체 이후 아예 서방 기업에 매각되었다. 참고로 체코의 유명한 스코다 승용차도 서방 기업에 매각되었다.

그래도 군수 산업과 연계되어 있는 트럭, 4륜 구동차, 6륜 구동 버스 등을 생산한 카마즈(КамАЗ)는 매각하지 않았다. 카마즈의 이름도 소련식으로 '카마강(Камский)의 자동차(Автомобильный) 공장(Завод)'에서 비롯되었다. 카마즈는 사하라 사막을 건너 서부 아프리카 세네갈까지 가는 '파리-다카르 랠리' 같은 세계적인 험로 자동차 경주 대회에서 자주 우승을 할 정도로 기술력이 검증되었다. 카마즈는 국영 기업의 형태다. 푸틴은 크림반도를 무력으로 합병한 후에 2018년 5월 카마즈 트럭을 직접 운전하여 크림반도로 넘어가는 장면을 연출했다. 힘 있는 카마즈와 근육질의 자신을 상징적으로 보여주고 싶었던 모양이다.

소련은 쥐굴리를 생산하기 한참 전부터 집권층을 위한 승용차를 만들었다. 지스(ЗиС)가 그것이다. 지스는 '스탈린의 이름을 기념한(имени Сталина) 공장(Завод)'이라는 의미다. 말 그대로 스탈린이 타고 다닐 차량을 만들었다. 1948년형 7인승 리무진 지스는 스탈린에 의해 북한으로 보내져 김일성의 전용 차량으로 쓰였다고 한다. 개인숭배를 강요하고 철권통치로 일관했던 스탈린의 사망 후에 흐루쇼프는 승용차 이름을 원래의 질(ЗиЛ)로 바꾸었다. 질은 '기술자 리카초프의 이름을 기념한(имени Лихачёва) 공장(Завод)'이라는 의미다.

러시아의 푸틴은 집권 초기에 독일제 차량을 타고 다녔다. 그러다가 러시아 지도층을 위한 새로운 차량 제작 프로젝트를 시작했다. 러시아 국립 자동차 과학 연구소(НАМИ)가 개발한 차량의 이름은 '아우루스 세나트(Аурус Сенат)'이다. 푸틴 자신이 타고 다닐 뿐만 아니라, 일반인들에게도 판매했다. 일반인용 차량 가격은 우리 돈으로 2억 원가량이었다.

중국에서는 전용차를 좌가(座驾)라고 한다. 소련에서 질이나 지스가 만들어지는 것을 보고 중국에서도 전용차 개발에 착수했다. 1958년 중국 집권층 최초의 전용차 '홍기(红旗)'가 중국 제1 자동차(일기, 一汽)에 의해 생산되었다. 홍기는 중국 국기의 이름이면서 1958년부터 1980년대 후반까지 중국공산당에서 발표된 사상 정기 간행물의 이름이기도 하다. 국가주석을 비롯한 집권층이 홍기를 타고 다녔다. 홍기 차량 앞부분의 후드 엠블렘이 붉은 깃발이다.

구소련이 해체된 이후 러시아에는 권력을 배경으로 한 신흥 재벌 올리가르히 등 각종 자본가들이 생겨났다. 겨울이 길고 눈과 얼음이 얼었다, 녹았다를 반복하는 러시아는 아스팔트가 견디지

못해 움푹 파인 곳이 많고 도로 사정이 안 좋아서 원래 차 바닥의 높이를 높게 하는 경우가 많았다. 그런데 부자들은 차 바닥이 낮은 고가의 스포츠카를 과시용으로 구입해서 차 바닥이 도로에 긁히는 것을 아랑곳하지 않고 타고 다녔다.

중국은 개혁개방 후 승용차에 대한 수요가 한껏 높아졌는데, 남들에게 보여지는 체면을 중시하는 중국인들에게 외제 차는 인기가 높았다. 개혁개방 초기에 리스크를 감수하고 중국 시장에 합작 법인으로 진출한 독일의 폴크스바겐-아우디 그룹과 미국의 제너럴 모터스(GM)가 일찌감치 자리를 잡았다. 중국은 2010년대에 미국을 제치고 세계 최대의 자동차 시장이 되었다.

중국은 본토 자동차 회사들을 글로벌 회사와 합작하도록 하여 기술을 습득했다. 중국에서 제너럴 모터스 브랜드는 직역하여 통용(通用)이고, 폴크스바겐 브랜드는 직역하여 대중(大众)이다. 상하이 자동차와 제너럴 모터스의 '상하이 통용(上海通用)', 상하이와 폴크스바겐의 '상하이 대중(上海大众)', 일기와 폴크스바겐의 '일기 대중(一汽大众)', 일기와 아우디의 '일기 아오디(一汽奥迪)', 베이징과 벤츠의 '베이징 번츠(北京奔驰),' 화천과 BMW의 '화천 바오마(华晨宝马)' 등이 그것이다.

이 외에도 둥펑(东风), 창안(长安), 치루이(奇瑞), 광치(广汽), 지리(吉利), 창청(长城), 장화이(江淮) 등의 본토 기업이 있다. 비야디(比亚迪)를 비롯한 전기차 생산 회사들이 빠르게 성장했다. 중국에서는 자동차를 기차(汽车)라고 한다. 전기차 즉 '전동(电动) 기차', 하이브리드차 즉 '혼합 동력(混合动力) 기차', 수소차 즉 '경(氢, 수소) 발동기(发动机) 기차' 등을 묶어 '신 에너지(新能源, 신능원) 차량'으로 육성한다.

4장

체제를 위하여 '항상 준비'

××××××

소련 과학원과 중국 과학원

미래의 세상을 짐작할 수 있을까? 예전에는 미래를 어느 정도 예측하는 것이 가능했지만 과학과 기술의 발전 속도가 엄청나게 빨라진 만큼 어떤 석학도 가까운 미래조차 예측하기 어려워졌다. 동시에 세계 곳곳의 민간·공공 영역에서 과학 기술 발전의 주도권을 잡으려는 경쟁이 벌어졌다.

국가가 주도하여 과학과 기술 발전을 운용하고 그것을 국가의 군사·경제적 경쟁력의 원천으로 삼았던 전형적인 모델이 100여 년 전의 소련이다. 그리고 중화인민공화국은 그 모델을 상당 부분 따랐다. 어쨌든 세계 양강을 자처했던 구소련의 정치 경제 방식은 이후 복합적인 이유로 붕괴되었다. 그리고 구소련을 계승한 러시아의 영향력은 약화되었다. 한편 중국 굴기의 양상은 여러 부분에서 드러났다.

소련 당국이 과학 기술 발전의 총 본산으로 삼았던 조직은 '소련 과학원(Академия Наук СССР, АН СССР, Academy of Sciences USSR)'이다. 이것은 아예 없던 조직을 새로 만든 것이 아니다. '러시아 과학원(Российская Академия Наук)'은 제정 러시아의 개혁을 이끌었던 표트르 1세가 사망한 해인 1725년 그가 생전에 공들였던 상트페테르부르크에 예카테리나 1세가 설립한 것이다. 200년 후 1925년에 소련의 스탈린이 이름을 소련 과학원으로 바꾸고 내각협의회 직속으로 재출범시킨 것이다.

1934년 소련 과학원은 상트페테르부르크 시대를 접고 모스크바로 옮겨졌다. 이 시기는 스탈린의 철권통치와 2차 5개년 계획이 시작된 때와 맞물린다. 1991년 구소련 해체 이후 이름은 러시아 과학원으로 돌아왔고 11명의 노벨상 수상자를 배출했다. 모스크바 강변의 러시아 과학원 건물 위에는 황금색 구조물이 올려져 있다. 러시아 사람들은 이것을 '황금의 두뇌들(Золотые Мозги)'이라고 부른다.

소련·러시아 과학원은 국가 주도의 다른 연구기관에 연구 예산을 배정하는 역할도 했다. 예를 들어 '의과학 연구소(Академия Медицинских Наук)', '레닌 호칭 전연방 농학 연구소(Всесоюзная Академия Сельскохозяйственных Наук имени В. И. Ленина)', '과학연구기관(Научно-исследовательский Институт)' 등이 그것이다. 과학연구기관 산하에는 물리기술연구소, 전자파연구소, 원자핵연구소 등이 있었다. 그리고 각 공화국에는 독자의 연구기관이 있었다.

국가는 소련 과학원의 연구자 가운데 '자격이 되는 사람'을 골라 '아카데믹(Академик)' 호칭을 부여하고 여러 혜택을 주었다. 중화인민공화국은 이것을 받아들여 '원사(院士)'라 부르며 역시 혜택을 주었다. 원로는 '자심(资深) 원사'로 대우했다. 비슷한 제도는 북한 과학원에도 있고 동유럽의 구공산권 국가들에도 남아 있다. 서방 세계로 가보면 영국 로열 소사이어티의 펠로우, 미국 과학아카데미나 공학아카데미의 멤버 등도 유사한 개념이라고 할 수 있다. 그러나 서방 세계에서 정부는 예산을 지원할 뿐 정부가 직접 관리하지 않는다. 한국은 한국과학기술한림원, 한국공학한림원, 대한민국학술원 등이 그리고 일본에는 일본학술회의, 일본학사원 등이 있다. 참고로 한림(翰林)이라는 말은 중국 당나라 시기 황제의 중요 문건을 다루는 관원학사의 이름이었고 고려 시대에도 있었다.

소련의 과학 기술은 물리학, 수학, 생리학, 화학 그리고 응용 분야의 전자공학, 원자핵공학, 우주·항공공학, 조선공학 등에서 앞서갔다. 그리고 그것을 토대로 한 공업화를 경제발전과 무기·우주항공 개발에 활용했다. 소련은 1949년 세계에서 두 번째로 원자폭탄을 만드는 데 성공했다. 그리고 미국이 수소폭탄을 개발한지 불과 10개월 뒤인 1953년에 수소폭탄을 만들었다. 나아가 1957년에는 세계최초의 인공위성 스푸트니크(Спутник) 1호, 1961년에는 세계최초의 우주인 가가린(Юрий Гагарин)과 유인우주선을 쏘아 올려 미국을 긴장시켰다.

소련의 기타 개발 결과는 1922년 '공중급유', 1929년 '무인탱

크와 진투용 로봇의 기본개념', 1930년 '공중강하 작전개념', 1931년 '여압복과 화염방사 탱크', 1944년 '마이크로트론 전자가속기', 1947년 '현대적 개념의 다단계 로켓', 1955년 '탄도미사일 발사 잠수함', 1957년 '대륙간 탄도미사일 ICBM', 1976년 '이동형 ICBM', 1986년 '모듈식 우주정거장' 등이 있다. 일류신(Ильюшин), 투폴레프(Туполев), 안토노프(Антонов), 수호이(Сухой), 이르쿠트(Иркут), 미그(МиГ) 등 항공 기술도 성과였다.

소련의 로켓·우주공학 선구자는 치올콥스키(Константин Циолковский)다. 그리고 쿠르차토프(Игорь Курчатов)는 소련 원자폭탄, 원폭 미사일의 아버지로 불린다. 그는 원자폭탄, 수소폭탄, 세계최초 전력공급용 원자력발전소 프로젝트를 이끌었다. 나중에 소련 국가 훈장과 사회주의 노동영웅 칭호를 받았다. 그의 업적을 기리기 위해 러시아 원자핵연구소의 이름이 '쿠르차토프 연구소'다. 쿠르차토프와 원폭, 수소폭탄 작업을 함께했던 사하로프(Андрей Сахаров)도 그 공로로 스탈린상과 레닌 훈장을 받았다. 하지만 훗날 반핵 운동가로 입장을 바꿔 1975년 노벨평화상을 수상하게 되었다.

소련·러시아의 노벨상 수상자 중에서 물리학 부분만 살펴보더라도 그 면면이 화려하다. 1958년 체렌코프(Павел Черенков) 등 3명은 전기장 분야에서, 1962년 란다우(Лев Ландау)는 플라즈마·초전도체 분야에서, 1964년 바소프(Николай Басов) 등 2명은 전파 분야에서, 1978년 카피차(Пётр Капица)는 자기장 분야에서, 2000년 알표로프(Жорес Алфёров)는 반도체 분야에서, 2003

년 아브리코소프(Алексей Абрикосов)는 초전도체 분야에서, 2010년 노보셀로프(Константин Новосёлов)는 그래핀 분야에서 족적을 남겼다.

소련·러시아의 수학자들이 우수하다는 것도 알려진 사실인데, 4년에 한 번 수여되는 필즈(Fields)상 수상자를 보면 1970년 노비코프(Сергей Новиков), 1978년 마르굴리스(Григорий Маргулис), 1990년 드린펠트(Владимир Дринфельд) 등이 있고, 구소련 해체 후 1994년부터 2010년까지 러시아 수학자가 다섯 차례 연속 수상했다.

중국 과학원(中国科学院, Chinese Academy of Sciences)은 소련 과학원을 벤치마킹하여 중화인민공화국 건국 바로 다음 달인 1949년 11월에 발족되었다. 1954년에는 중국 과학원에 기술과학부를 만들었고 이것은 1994년에 공학·엔지니어링에 특화된 중국 공정원(中国工程院, Chinese Academy of Engineering)으로 독립했다. 모두 국무원 직속이다. 중국은 이를 바탕으로 1964년 원자폭탄, 1967년 수소폭탄, 1970년 인공위성 동방홍(东方红) 1호 발사에 성공했다.

중국 당국은 2008년의 천인계획(千人计划) 등 해외 박사 유치 전략을 실행했다. 또 '창의혁신(创新)2020', '제조강국 전략연구(中国制造)2025', '창의혁신(创新)2050' 등을 기획·진행했다. 군사 분야에서는 미사일, 항공기, 항공모함이 만들어졌고, 우주(航天) 분야에서는 달 뒤쪽을 탐사하고 화성 탐사 프로젝트를 진행했다. 한국에서 오랫동안 법률 전공이 과다 대표된 상황과 대조적으로, 이

공계 출신이 대거 포진한 중국 지도자들은 세계 무한경쟁 시대에 과학 기술 발전을 활용해 실사구시 하자고 시시때때로 말했다. 중국은 경제도 실물경제 경험자를 중시한다. 건국 70주년 국가훈장 8개 중 5개는 과학·공학자에게 주어졌다. 국제 기능올림픽은 한국이 한동안 우승을 독식해 왔는데, 중국은 2010년대 이후 국가 지원에 힘입어 연속 우승하고 있다. 러시아와 중국 사이의 과학·공학·기술 협력은 지금도 계속되고 있다.

×××××××××××××××××××××××××

중국의 '고교'는 대학, 소련의 '닥터'는 포스트 닥터

×××××××××××××××××××××××××

중국에서 '고교(高校)'라는 단어는 우리가 아는 '고등학교'가 아니다. 중국에서 고교라는 단어는 대학을 말한다. '대학(大学)'의 명칭도 쓴다. 중국에서는 고등학교를 '고급중학(高级中学)' 또는 '고중(高中)'이라고 부른다. 중국의 중학교는 '초급중학(初级中学)' 또는 '초중(初中)'이다.

중국에서는 대학원을 '연구생원(研究生院)'이라고 한다. 석사나 박사과정에 있는 학생은 '연구생'이라고 부른다. 4년제의 일반대학은 '본과(本科)', 그리고 2~3년제의 전문대학은 '대전(大专)'이라 하여 구분한다.

중국의 대학은 3월에 학기를 시작하는 나라들과 달리 미국, 유럽처럼 9월에 학기를 시작한다. 한중 양국의 대학에서 유학생의 처우는 적지 않은 차이가 있었다. 중국의 대학은 기본적으로 자국의 학생에게 장학금과 기숙사 비용 같은 혜택을 민저 준다. 한국에서 건너온 유학생들에게 돌아가는 혜택은 각박했다. 한편 한국의 대학은 중국에서 건너오는 유학생들을 유치하고자 여러 가지 혜택을 제공했다.

중국 대학의 수준은 1년이 다르고 2년이 다를 정도로 급속하게 향상되었다. 국제적으로 대학의 수준을 평가하는 QS나 THE의 등위를 보면 중국 대학들의 상승세가 놀랍다. 이렇게 된 데에는 중국 정부의 중장기적 지원이 큰 몫을 차지했다.

'211공정'은 21세기의 일류 대학 100개를 양성하겠다는 중국 당국의 야심 찬 프로젝트다. 일류 국가로 흥하려면 일류 교육이 있어야 한다는 '과교흥국(科教兴国)'의 기치로 1995년에 국무원의 비준을 받아 시작되었다. '985공정'은 1998년 5월 당시 장쩌민 주석이 베이징대학 건교 100주년 기념일에 즈음하여 선포한 일류 대학 육성 정책이다. 베이징대학, 칭화(清华)대학 등 종합대학 위주로 선정해 각종 지원책을 주었다. 베이징대학은 중국의 대표 대학으로 211과 985에 모두 포함된다. 베이징대학은 1898년 개교한 사범대학이 전신이다. 1949년 중화인민공화국 건국 이후, 1952년 중국 정부는 소련의 고등교육 체계를 벤치마킹하여 대학들의 학과 조정을 단행했다. 이때 칭화대학, 옌징대학의 일부 학과들이 베이징대학으로 옮겨졌다.

한편 러시아의 대학 수준은 하락세를 보였다. 미국과 세계 양강 구도를 형성하며 GDP에서 미국의 절반 수준, 그리고 군사력이나 항공 우주 등 분야에서 각축을 벌였던 구소련 시기에는 국립

대학들을 중심으로 세계적인 수준을 자랑했다. 특히 러시아인이 두각을 나타내는 수학, 그리고 군사적 성과로 측정되는 물리학, 원자핵공학, 화학 등의 분야에서 앞서갔다.

그러나 소련의 대학들이 국제화를 하기에는 제약조건이 많았다. 외국인이 배우기에 가장 까다로운 언어 중 하나라는 러시아어로 수업을 해야 하고, 학제도 매우 특이했기 때문이다. 그래도 수준 높은 학과들에는 외국인 유학생들이 많았다.

소련의 학제는 유럽의 학제와 유사한 '학부+석사' 학제에 더해 소련만의 독특한 박사과정이 있다. 소련의 박사는 2개의 단계가 있다. 첫 번째로, 석사를 이미 취득한 수준의 학생이 밟는 '부박사(Кандидат, 깐지다트)' 과정이 있다. 영어로 번역하면 Candidate, 우리말로는 후보자라고 할 수 있는데, 다른 나라의 기준으로 보면 박사와 비슷한 학위다. 소련에서 부박사를 취득하고 난 이후 과정인 '박사(Доктор, 독토르)'는 근 10년에 이르는 지난한 것이다. 다른 나라의 기준으로 보면 박사 후(포스트 닥터) 과정과 유사하다 할 수 있다.

학문과 대학의 수준도 역시 총체적 국력에 따라 가늠될 가능성이 높다. 그래서 유럽 각국도 미국의 대학 학제에 맞추고 여러 나라의 다양한 고등교육 제도를 통일하고자 1999년 이탈리아에 모여 볼로냐 프로세스에 합의하고 실천했다. 러시아도 이에 동참은 하였으나 특이한 기존 제도와 기존 제도에 기반한 인재상 때문에 변화가 더디었다.

러시아의 대학들 중에서 유명한 곳은 '모스크바 국립대학(Mo

сковский государственный университет им. М.В. Ломоносов а)’이다. 모스크바 대학 건물은 ‘스탈린 고딕’ 양식으로 유명하다. 러시아의 대학들 교명에서 흔히 발견할 수 있는 ‘им.’은 본받고 기념할 사람의 이름을 ‘명칭’한 것이다. 모스크바 국립대학은 ‘로모노소프(Ломоносов) 명칭 모스크바 국립 대학’이다. 북한에도 이러한 러시아식 명칭법을 따라 ‘ㅇㅇㅇ명칭 △△대학’들이 있다.

모스크바 이외에도 상트페테르부르크 대학 등의 ‘국립대학(Государственный Университет)’들, 그리고 ‘물리 기술 학원(Физико-технический Институт)’, ‘원자력 대학(Ядерный Университет)’, 또 시베리아, 우랄 등의 ‘연방대학(Федеральный Университет)’들이 유명하다. 소련의 대학들을 모방하고, 학문적 교류를 나누던 중국은 개혁개방 이후 서방 나라의 대학들과 학문적 교류의 보폭을 넓혔다.

경례, 오른손을 높이 올려 '항상 준비'

××××××××××××××××××××××××

중국이나 북한의 어린이들이 붉은 수건을 목에 두르고 오른손을 높이 올려 경례하는 모습을 본 적이 있을 것이다. 알고 보면 이것은 소련의 어린이 조직 '피오네르(Пионер, 파이오니어, 선봉, 개척)'를 따라한 것이다. 소련의 피오네르는 '붉은(Красный) 수건(Галстук)'을 목에 두르고 오른손을 높이 올릴 때 '항상(Всегда) 준비(Готов)'라는 구호를 외쳤다. 중국 어린이들은 '붉은 목수건(红领巾, 홍령건)'을 두르고 '항상(时刻, 시각) 준비(准备, 준비)하고 있음(着, 착)'을 외쳤다. 북한 어린이들도 '붉은 넥타이'를 목에 두르고 '항상 준비'를 외쳤다.

이렇게 중국, 북한 등 사회주의권 국가 어린이 조직의 본이 된 소련의 피오네르는 소련이 건국한 1922년에 만들어졌다. 당시 피오네르의 이름은 '스파르타크 소년 선봉대(Юные пионеры имен и Спартака)'였는데, 몇 년 뒤에 '전연방 레닌 선봉대(Всесоюзная пионерская организация имени В. И. Ленина)'로 바뀌었다. 피오네르는 그들보다 나이 많은 형들의 조직인 '청년 공산주의자 동맹' 즉 '콤소몰'의 산하조직이 되었고 콤소몰의 지도를 받았다. 그들은 피오네르를 10세와 11세의 저연령반, 11세와 12세의 중연령반, 그리고 13세부터 14세의 고연령반으로 나누어 관리했다.

소련 피오네르의 붉은 수건은 삼각형 모양인데, 삼각은 각각 소련공산당, 콤소몰, 피오네르를 상징한다. 피오네르는 어린이들의 일상을 소련공산당의 '정치화' 교육에 친숙하도록 만들었으며, 군대의 전통을 강하게 띠었다. 러시아혁명 당시의 소년병들은 '소년 공산주의자' 같은 조직에 소속되어 있었다. 이러한 소년병 조직이 나중에 피오네르의 원형이 되었다. 피오네르의 조직 기초단위 이름이 '분대'인 것을 봐도 군대의 문화를 알 수 있다.

소련공산당은 피오네르보다 더 어린 아이들의 조직도 만들었다. 7세부터 9세까지의 조직 이름은 '10월의 어린이(Октябрёнок, 악쨔브료낙)'다. 볼셰비키 10월 혁명을 기념하여 '10월(Октябрь, 악쨔브리)'과 '아기·어린이(Ребёнок, 리뵤낙)'를 합성한 말이다.

중국판 피오네르는 '중국 소년 선봉대(中国少年先锋队)'이고 중국 사람들은 줄여서 소선대(少先队)라고 불렀다. 영문 공식 명칭은 '차이나 영 파이오니어'다. 중화인민공화국이 건국된 1949년에 정식으로 창립되었다. 소련의 피오네르가 콤소몰의 지도를 받은 것과 마찬가지로, 중국 소년선봉대는 그들보다 나이가 많은 조직인 '중국 공산주의 청년단' 즉 공청단 산하로 되었고 공청단의 지도를 받았다. 참고로 북한에는 소련의 피오네르나 중국의 소년선봉대와 같은 맥락의 '조선 소년단'이 있다.

중국 소년선봉대에는 소련 '피오네르'와 '10월의 어린이' 조직의 대상 연령을 합친 6세부터 14세까지의 어린이들이 들어갔다. 소련의 피오네르가 군대 문화의 성격이 강한 것처럼 중국의 소년선봉대도 소대, 중대, 대대의 조직으로 나뉘어 군대와 관련이 있다. 그래서 중국 소년선봉대 소대 간부의 팔뚝에는 막대기 한 개의 계급장이, 중대 간부의 팔뚝에는 막대기 두 개의 계급장이, 대대 간부의 팔뚝에는 막대기 세 개의 계급장이 있다.

소련에서 피오네르보다 더 나이가 많은 청소년·청년들의 조직인 '콤소몰(КомСоМол)'은 정식 이름인 '전연방 레닌 청년 공산주의자 동맹(Всесоюзный Ленинский Коммунистический Союз Молодёжи)'을 축약한 말이다. 러시아 볼셰비키 혁명에 가담했던 여러 청년 조직들을 모아서 10월 혁명 성공 이듬해인 1918년에 콤소몰을 만들었다. 당시의 이름은 '러시아 공산주의자 청년동맹'이었고 몇 년 뒤에 이름을 바꾸었다. 역시 소련공산당이 청년들에게 실시한 '정치화'가 목적이고, 이 청년들은 소련공산당의 '조수' 임무를 하면서 동시에 소련공산당 '예비 핵심인력'의 자격이 주어졌다.

콤소몰은 15세 이상 20대 후반까지의 청소년·청년이 대상이었고 해당 나이 청년들의 3분의 2가량이 콤소몰을 거치게 되었다. 콤소몰 역시 군대와 밀접한 연관이 있었다. 2차 세계대전 당시 치열했던 독일과의 전투에 참전한 콤소몰 출신 수십만 명은 소련군의 정예 노릇을 했다. 소련 시절을 통틀어 콤소몰 동맹원이 아니라면 사실상 진학이나 이후 직업선택 등에서 차별을 받았으며 콤소몰 출신은 소련공산당 곳곳으로 진출했다. 그러나 이후 구소련의 해체와 함께 콤소몰 조직도 사라지게 되었다.

중국판 콤소몰은 '중국 공산주의 청년단(中国共产主义青年团)'이고 줄여서 '공청단'이라고 부른다. 소련의 콤소몰이 1918년 만들어진 것을 보고 1920년 상하이의 중국공산당 산하에 청년들을 모아 '상하이 사회주의 청년단'을 조직했고 1922년에 정식 출범했다. 1928년에는 각 청년 단체 대표들이 모스크바에 모였고 이후로도 사회주의 국가 간 청년 교류를 이어갔다. 공청단 휘장 위의 붉은색 깃발과 황금색 별은 혁명의 승리를, 그 아래 원 왼쪽의 밀이삭은 농민을, 원 오른쪽의 톱니는 노동자를, 원 내부의 떠오르는 태양과 햇살은 공산당의 돌봄을 상징한다.

공청단은 중국공산당의 이념을 충실히 학습하며 실천하고, 중국공산당은 주요 사업에 공청단을 앞에 내세워 활용했다. 중국 공청단 역시 소련 콤소몰처럼 공산당의 '조수' 임무를 하면서 동시에 중국공산당 '예비 핵심인력'의 자격이 주어졌다. 중국공산당에서는 이것을 '신선한 피의 수혈'이라고 불렀다. 중화인민공화국에서 공청단 출신은 주요 정치세력 중 하나로 대접받았다.

공청단 조직은 서기처를 중심으로 선전부, 농촌청년공작부, 통일전선부, 국제연락부, 소년부, 학교부 등이 있다. 공청단 산하에 소년선봉대가 있고, 공청단원 중에서 '소년선봉대'와 '중화 전국학생 연합회'의 두 조직을 지도하는 '지도선배(辅导)'를 선발했다. 개혁개방 이후에도 공청단에게는 '사회주의 현대화 건설, 향촌·지역 간 발전, 과학기술 발전, 성실한 노동 등에 앞장서 조국의 경제사회발전에 계속 기여하라'는 목표가 주어졌다. 21세기에 들어와 주목할 점은 공청단과 일본 청년들 간의 국가차원 교류가 잦아졌다는 것이다. 참고로 북한에서 소련 콤소몰이나 중국 공청단에 해당하는 조직은 '김일성 사회주의 청년동맹'이다.

중국 소년선봉대나 공청단의 역사를 논할 때 문화혁명 당시의 '홍위병(紅衛兵)'을 얘기하지 않을 수 없다. 잘 알다시피 문화혁명은 마오쩌둥이 1960년대에서 1970년대에 이르기까지 정치적으로 불안한 자신의 입지를 만회하기 위해 정적들을 타도하고 전국에 공포 분위기를 조성한 극좌 대중운동이다. 당시 어린이·청년들 중에서 '폭력적, 급진적으로 몰려다니며 마오쩌둥의 반대세력을 반혁명 세력으로 몰아가는데 앞장세워진 집단'이 바로 자칭, 타칭 홍위병이다. 일부 홍위병들 중에 소년선봉대나 공청단 소속이었던 어린이·청년도 있었겠으나, 문혁기간 중 소년선봉대와 공청단은 홍위병의 위세에 눌려 활동을 하지 못했다. 문화혁명이 어느 정도 막을 내린 뒤에야 소년선봉대와 공청단이 재건되었다.

이상 살펴본 바와 같이 소련을 연원으로 한 어린이, 청소년, 청년 조직은 중국, 북한 등 사회주의권 국가에서 유사한 조직으로 만들어졌다. 이들 조직은 해당 연령의 어린이, 청소년, 청년들의 생활과 사고를 '정치화'하였다. 이들이 가진 집단의식은 '조국과 민족'에 대한 감성과 '이념'에 대한 이성을 포괄했다. 소련의 어린이·청소년·청년 조직을 서유럽에서 태동한 '보이스카우트'와 나치 독일의 '독일 소년단', '히틀러 청소년단(유겐트)'와 비교해 본다면 가장 먼저 만들어진 것은 보이스카우트이다. 성격 측면에서는 소련과 독일이 유사하고 보이스카우트가 독자적이다.

××××××××××××××××××××××××

통신사 '이타르 타스'와 '신화사'

××××××××××××××××××××××××

세계의 미디어 환경은 빠르게 바뀌었다. 신문, 텔레비전, 라디오, 잡지 등 전통적인 언론은 급격한 디지털 기술의 발전을 바탕으로 한 새로운 미디어의 물결에 직면했다. 사람들은 과거처럼 수동적으로 콘텐츠를 받기만 하는 것이 아니라 콘텐츠를 선택하여 각자 편리한 시간에 소비하며, 또 양방향 소통이 가능해졌다. 개인은 콘텐츠를 자유롭게 생산하는 미디어의 주체가 되었다. 그러나 사회주의·자본주의를 막론하고 많은 나라가 전통매체와 뉴미디어를 넘나들며 국민에 대한 선전과 선동의 도구로 언론을 사용해온 것 또한 현실이다.

사회주의권 국가 또는 과거 사회주의를 경험했던 국가의 언론 역사에는 그들만의 특징이 있다. <인민일보>, 신화통신사(신화사), 중국 중앙텔레비전(CCTV)은 우리가 많이 들어본 중국의 주요 언론이다. 이외에 가끔 인용되는 <환구시보> 같은 언론은 <인민일보>가 만들며, 신화통신사와 중국중앙텔레비전 산하에도 많은 언론이 있다. 이렇듯 중국의 언론은 <인민일보>, 신화통신사, 그리고 중국중앙텔레비전의 세 축을 중심으로 운영된다. 북한 역시 <노동신문>, 조선중앙통신, 그리고 조선중앙텔레비죤을 주요 언론으로 삼았다는 점에서 중국과 흡사하다.

이러한 사회주의권 국가의 언론 체계는 소련의 그것을 닮았다. 첫 번째 축인 신문을 살펴보자. 제정 러시아 치하에서 혁명을 꿈꾸던 러시아 사회민주노동당은 그들의 주장을 담은 신문을 만들었다. 2월 혁명과 10월 혁명의 성공으로 소련 건국의 기초가 마련되고 이 신문은 소련 공산당의 기관지가 되었다. 신문의 이름은 <프라우다(Пра́вда, 진리)>이다. 그러면서 러시아 사회민주노동당의 다수파인 볼셰비키 레닌이 집권 이후 가장 먼저 했던 일 중의 하나는 기관지 이외 여타 언론의 통제 포고령을 낸 것이다. <프라우다> 1면에는 항상 레닌(Ленин)의 얼굴이 있고, '만국의 프롤레타리아여 단결하라!(Пролетарии всех стран, соединяйтесь!)', '소련공산당(Коммунистическая Партия Советского Союза) 중앙위원회(Центрального Комитета) 기관지(Орган)'라고 적혀 있다.

<프라우다>는 오랫동안 소련공산당 중앙위원회의 기관지로 기능했다. 그리고 전 세계 사회주의권 국가들에 배포되며 국제 공산주의 운동을 주도했고 해당 국가 당 기관지의 모델이 되었다. 나중에 1991년 구소련 해체 시기 옐친에 의해 폐간되었다. 참고로

구소련 해체 후 현대 러시아에는 두 가지 ‘프라우다’가 생겼다. 폐간되었다가 1999년 예전 직원들이 주도하여 복간한 것은 <프라우다 온라인>이다. 별개로 이들과는 관계없이 새로 창간된 신문 <프라우다>가 또 있다.

사회주의권 국가 언론 체계의 두 번째 축인 통신사에 대해 알아보자. 유럽 각국은 1800년대 중반부터 뉴스의 빠른 공유를 위해 신문과는 별도로 통신사를 만들기 시작했다. 제정 러시아 1900년대 초에 통신사가 생겼는데, 러시아혁명세력은 2월 혁명 이후 이것을 ‘로스타(РосТА, Российское Телеграфное Агентство, RosTA, 러시아 텔레그라프 에이전시)’라는 통신사로 바꾸어 활용했다. 로스타는 소련 건국 후 1925년에 우리가 잘 아는 ‘타스(ТАСС, Телеграфное Агентство Советского Союза, TASS, 텔레그라프 에이전시 소비에트 소유즈)’가 되었다.

공산당 산하의 프라우다와 달리 타스통신은 행정부(내각회의) 소속이었다. 타스통신은 소련의 여타 언론사와 세계 각국에 뉴스를 공급했다. 타스통신은 구소련 해체 시기 1992년 옐친에 의해 ‘이타르(ИТАР, Информационное Телеграфное Агентство России, ITAR, 인포메이션 텔레그라프 에이전시 러시아)-타스’로 이름이 바뀌었다. 이타르-타스는 이제 국영 통신사라고 하기는 어려우며, 러시아에는 다른 통신사들도 더 생겨났다.

소련 언론 체계의 영향을 받은 중국으로 가보자. 중국공산당의 기관지이자 유일한 언론으로 1931년 시작된 조직은 <인민일보>가 아니라 ‘신화사’다. 처음 이름은 홍색중화통신사(红色中华

通讯社, 약칭 홍중사)였다. 대장정 이후 1937년 중국공산당이 언안에 있었던 시절, 홍중사에서 신화사로 이름이 바뀌었다. 중국공산당은 국공내전과 항일투쟁 시기인 1940년, 신화사 아래에 라디오 방송국을 만들어 활용했다. 중화인민공화국이 건국된 1949년에 <인민일보>는 중국공산당의 기관지로, 신화사는 국내외에 뉴스 공급을 전담하는 통신사로 각각 자리매김하였다.

중국의 신화통신사는 소련의 타스통신처럼 행정부(국무원) 소속이 되었다. 1950년대 중반 이후 마오쩌둥은 신화사의 역할 강화를 강조하였고, 조직은 커졌다. 이후 중국의 최고지도자가 바뀔 때마다 신화사의 역할 확대를 주문하였고 중국 언론 중에서 가장 많은 해외 네트워크를 운용하게 되었다. 해외 네트워크의 배경과 상황을 인식한 서방 국가들은 신화사를 중국의 정보기관에 준하는 조직으로 간주했다. 홍콩 시위대는 신화사 홍콩 사무소를 공격하기도 했다.

중국 당국의 직제상으로 판단하면 신화통신사의 수장은 장관급으로 <인민일보>나 중국중앙텔레비전(CCTV)보다 높았다. 신화사의 신화망(新华网, xinhuanet.com)은 현대 중국에서 가장 권위적인 인터넷 뉴스로 여겨진다. 신화사의 사진 자료는 역사적, 양적, 질적으로 중국 최대이며 국가의 기록보관소(档案局, 당안국)와 공동으로 신문사진자료 아카이브를 운영했다. 신화사 로고는 번체자로 '新華社'다. '통신사'의 한자 표기는 한국(通信社)과 중국(通訊社)이 다르다. 그래서 신화사 엠블렘 안에 '신(讯, 간체)'으로 형상화되어 있다.

소련의 <프라우다>에 해당하는 당 기관지 신문이 중국의 <인민일보>, 북한의 <노동신문>이다. <인민일보>의 가장 큰 사명은 당의 사상과 이데올로기를 전파하고 선전하는 것이었다. 그리고 그 사명을 위하여 뉴스를 보도했다. <인민일보>는 1946년 창간되었고 1949년부터 중국공산당 중앙위원회의 기관지로 기능했다. 산하에 <환구시보(环球时报, 글로벌 타임즈)>, <증권시보>, <시장보>, <건강시보>, <중국자동차보>, <국제금융보>, <중국에너지보>, <중국도시보> 등 다수의 언론을 거느렸다. <인민일보>의 인민망(人民网, people.cn)은 온라인 매체다.

중화인민공화국 건국 이후 중소 관계가 긴밀했기 때문에 러시아어를 공부하는 중국인들이 많아졌다. <프라우다>를 러시아어 원문 그대로 읽을 수 있는 중국인들도 제법 있었다. 그리고 <프라우다>는 1953년부터 <진리보(真理报)>라는 중국어판으로도 인쇄 배포되었다. 중국어판은 중국에서 읽혀졌을 뿐만 아니라, 소련에 거주하는 화교, 유학생, 기술연수생 등도 구독했다고 한다.

사회주의권 국가, 또는 과거 사회주의를 경험했던 국가에서 언론은 당과 국가의 주요한 도구로 활용되기에 '마우스피스(Mouthpiece)'로 불렸다. 소련 언론 체계의 영향을 강하게 받은 중국에서도 언론은 당과 국가의 '목구멍과 혀(喉舌)', '귀와 눈(耳目)', '지혜집단(智库)', '정보집결지(信息总汇)'라고 지칭되었다.

조선 중앙텔레비죤

소련 언론체계의 세 가지 축은 첫째, 공산당 기관지 <프라우다>, 둘째, 행정부 소속의 통신사 '타스', 셋째, 방송은 '소련 중앙텔레비전(Центральное телевидение СССР)'이라고 했다.

중국도 소련과 마찬가지로 공산당 기관지 <인민일보>, 행정부 소속의 신화통신사(신화사), 그리고 중국 중앙텔레비전의 세 가지 축이다. 북한 역시 노동당 기관지 <노동신문>, 조선중앙통신, 그리고 조선 중앙텔레비죤을 주요 언론으로 삼았다는 점에서 소련과 흡사하다.

소련 행정부에서 방송 관할 주요 당국은 '소련 고스 텔레 라디오(Гостелерадио СССР)'다. '소련 텔레비전·라디오 방송 국가위원회(Государственный комитет СССР по телевидению и радиовещанию)'의 약칭이다. '고스'가 국가의(Государственный)

뜻을 담고 있다. 소련 건국 후 1931년에 만들어졌다. 1931년부터 1939년까지는 텔레비전 시험 방송을 진행하기도 했다.

라디오는 러시아혁명 중에 활용했기 때문에 소련 건국 이전부터 방송되었으나 공식적인 시작은 소련 건국 후 1922년이다. 중국 공산당은 국공내전과 항일투쟁 시기인 1940년에 라디오 방송국을 만들어 선전에 활용했다. 북한에서는 1946년에 평양 라디오방송이 생겼는데, 그 일 년 전인 1945년 '김일성장군 개선 환영대회' 임시 중계한 날을 기념일로 삼았다.

중화인민공화국의 '방송 당국'은 1949년 건국 한 달 후인 11월에 '광파 사업국(广播事业局)'으로 출범했다. 중국어로 전시(电视, 電視)는 텔레비전이고, 광파(广播, 廣播)는 라디오 또는 방송을 아우르는 말이다. 광파 사업국은 1982년에 '광파 전시부(广播电视部)'로, 1986년에는 영화(電影, 전영)까지 포함한 '광파 전영 전시부(广播电影电视部)'로, 2013년에 신문출판을 합쳐 '국가 신문출판 광전 총국(国家新闻出版广电总局)'으로, 2018년에 다시 '국가 광파 전시 총국(国家广播电视总局)'이 되었다. 현재 행정부인 국무원 직속이다.

소련 '중앙텔레비전'의 전신은 1938년 방송을 시작한 '모스크바 텔레비전 센터(Московский телецентр)'다. 이 모스크바 텔레비전이 1951년에 '중앙텔레비전'으로 이름을 바꾸었고, 소련이 해체된 1991년까지 존재했다. 중국에서는 1954년 마오쩌둥이 텔레비전 방송의 준비를 지시한 이후 소련의 모스크바 텔레비전처럼 먼저 '베이징 텔레비전(北京电视台, 베이징 전시대)'이 만들어졌다.

그리고 1978년에 소련의 중앙텔레비전과 비슷하게 중국 '중앙텔레비전(中央电视台, 중앙 전시대)'으로 이름을 바꾸었다. 북한도 마찬가지로 처음에 '평양 텔레비죤'이었다가 나중에 '조선 중앙텔레비죤'이 되었다.

텔레비전 방송은 소련 건국 초기 대중 프로파간다에서 그리 중요하게 대접받지 못했다. 워낙 텔레비전의 보급률이 낮았고, 우랄산맥이 유럽과 아시아를 갈라 전파송출을 방해했으며, 동서로 길게 뻗은 표준 시간대의 차이가 방송에 어려움을 주었다. 그러나 1950년대 중반 흐루쇼프는 텔레비전을 활용한 선전 사업을 강조하기 시작했다. 이러한 텔레비전 프로파간다의 인식은 중국에서도 마찬가지였다. 중화인민공화국 건국 후 오랫동안 텔레비전은 주요매체가 아니었으며 1970년대가 되어서야 선전 매체로 인정받았다. 북한 역시 1970년 당 대회 이후 텔레비전을 선전도구로 강조하기 시작했다. 한편 컬러 텔레비전 방송은 소련에서 1967년 개시되었다. 중국은 1973년에, 북한은 김일성 생일인 1974년 4월부터 컬러 방송을 시작했다.

소련 중앙텔레비전 산하에 차츰 채널들이 생겨나서 나중에는 6개의 채널이 만들어졌다. 첫 번째 기본 채널은 '제1 프로그램(제1채널)'이라고 했다. 제1 프로그램(제1채널)의 대표 저녁 뉴스 '브레먀(Время, 시간)'는 1968년부터 시작되었다. 두 번째 채널인 '제2 프로그램'은 '전연방 프로그램'이라고도 불렸다. '제3 프로그램'은 모스크바주 권역방송이었다. 네 번째 채널인 '제4 프로그램'은 교육을 목적으로 했다. '제5 프로그램'은 모스크바가 아닌 레닌그라드, 즉 지금의 상트페테르부르크에서 송출했다. '제6 프로그램'은 과학·기술·체육 등에 특화되었다. 소련을 구성하는 각 공화국 그리고 각 자치공화국은 초기에는 '제1 프로그램'만, 나중에는 '제2 프로그램'까지 받아서 방송하고, 나머지 시간에는 지역언어 방송을 포함한 자체 방송을 했다. 1980년대 소련의 방송위성이 갖추어지고 나서 여섯 개의 전국권 채널이 모두 방송되었다. 모스크바 시간 기준으로 오후 네 시부터 오후 여덟 시까지가 전국권 방송 시간대였다고 한다.

중국 중앙텔레비전도 소련 중앙텔레비전과 마찬가지로 단계적 다채널화가 이루어졌다. 제1 '종합' 채널을 필두로 재경, 종합 예술, 국제, 체육, 영화, 군사·농업, 드라마, 기록(다큐멘터리), 과학·교육, 희곡(월극·경극), 사회와 법, 뉴스, 어린이, 음악, 러시아어, 영어, 프랑스어, 스페인어, 아랍어, 고화질 전용 채널 등으로 많아지며 제2채널부터의 숫자를 배정받았다. 또 베이징, 상하이와 각 성(省)에 하나씩의 지역위성방송국(위시)을 만들어 중국 전역에서 볼 수 있게 했다. 각 성안에서만 볼 수 있는 지역방송도 만들었다.

소련은 당연히 방송 내용을 사전 검열했다. 생방송은 지양되었다. 비속어, 폭력, 선정성, 마약 등은 금기시되었다. 소비에트 문화를 우월하게 강조하고, 재즈 등 서방 문화를 비하하는 음악, 다큐멘터리, 애니메이션 등이 방송되었다. 영화·드라마는 거의 없었는데 1960년대부터 티브이용 영화가 나왔고 1970년대부터는 연속 시리즈물도 만들어졌다. 내용은 가족물이나 독일과의 전쟁 등 애국적인 내용, 그리고 미국과의 첩보전 내용도 있었다고 한다. 중국 방송에서 항일투쟁 관련 시리즈물이나 애국심을 고취하는 이른바 '주선율' 제작물이 매우 많은 비중을 차지하는 것과 일맥상통한다.

소련 방송에서 뉴스는 국영통신사로부터 공급받는 내용 위주로 보도되었다. 중국의 경우 온 나라가 단일한 표준 시간대이기 때문에 모든 지역방송국은 베이징 기준 저녁 7시 중앙텔레비전의 메인뉴스 '신문 련파(新闻联播)'를 같은 시간에 방송해야만 했다. 신문련파의 메인 앵커(主播, 주파)는 아나운서(播音员, 파음원) 신분 중에서 가장 당으로부터 인정받는 사람이 되며, 국가주석의 해외 순방에도 동행했다.

소련에서는 1980년 모스크바올림픽을 앞두고 텔레비전 보급률이 급격히 높아졌다. 당시 영국을 비롯한 유럽 각국의 텔레비전 전파도 일반 가정에 많이 잡혔다. 소련 당국으로서는 이러한 변화와 국민 개방 추세에 대응해야 할 뿐만 아니라, 대중 선전 매체로서의 텔레비전 전략을 재수립해야만 했다. 시나브로 구소련 해체 이전 즈음 소련의 방송에서는 유럽과 남미 등의 오락성 제작물, 그리고 미국 할리우드 영화도 방송되었다. 소련 방송에 서방의 방송을 모방한 토크쇼와 게임쇼가 등장하기도 했다.

1991년 구소련 해체 후 일정 기간 동안 올리가르히(관료, 재벌 등 기득권 계층)들이 텔레비전 방송국을 장악했다. 그 후 푸틴에 의해 통제되고 국영, 민영, 국·민영 혼합의 세 종류 방송국들이 혼재하는 체제로 재편되었다. 현대 중국 텔레비전 방송을 둘러싼 매체

환경하에서 중앙텔레비전의 위상이 상대적으로 공고하다 하더라도 전반적인 텔레비전 시청률, 특히 젊은 층의 시청률이 매우 낮아졌다. 이러한 추세는 현대의 러시아에서도 마찬가지다.

프로파간다의 선봉에서

사회주의 국가에서 '군부'의 위상과 역할은 매우 중요하다. 소련 군부 '인민 군사위원회'의 기관지 <붉은 별(Красная Звезда)>은 건국 후 1924년 1월 1일 창간되었다. 소련에서 국방, 병영, 국제관계 분야의 언론으로 오랫동안 대접받았고 구소련 해체 후 러시아로 이어졌다. <붉은 별>에는 '러시아 연방군 신문(Газета Вооружённых Сил Российской Федерации)', 그리고 슬로건 '우리는 너를 지킨다, 러시아!(Мы храним тебя, Россия!)'가 적혀 있다. 소련 건국 전에는 러시아혁명을 주도한 볼셰비키들이 그들의 군대 '레드 아미'를 위해 발행한 <병사의 프라우다(Солдатская Правда)>가 비슷한 역할을 했던 신문이었다. <병사의 프라우다>는 뒤에 이름을 '빈민(Беднота)'으로 바꿨고, <빈민>은 <붉은 별>이 창간된 이후에 '농민'을 대상으로 한 소련공산당 선전매체로 활용되었다.

중국공산당도 1931년 국공내전 당시 '군부'인 '노동자·농민(工農)·홍군(红军) 군사위원회'의 기관지로 소련과 같은 이름의 <붉은 별(红星, 홍성)>을 창간했다. <붉은 별>은 중국공산당이 국민당의 전면적 공세를 피해 대장정에 나선 시기에는 중국공산당 측의 거의 유일한 선전매체로 기능했다. 후일 중화인민공화국의 군부인 '중앙 군사위원회' 군대의 이름이 '인민 해방군'으로 바뀌었기 때문에 기관지의 이름도 <해방군보(解放军报)>가 되었다.

사회주의 국가들은 또한 '노동자'를 정권 수립의 주요 기반으로 삼았다. '소련 전국 총노동조합'의 기관지는 1921년 창간된 <노동(Труд)>이다. 중국의 경우 상하이에서 1921년 창당된 중국공산당의 영향을 받아 1922년 '중화 전국 총노동조합(中华全国总工会, 공회)'이 만들어졌는데, 이 노동조합의 기관지는 중화인민공화국 건국 직전 창간된 <노동자(工人, 공인) 일보>였다. 월간지로 『중국 노동자 운동(中国工运)』이 있었다.

사회주의 국가는 '청년' 조직을 여러모로 활용했다. 청소년과 청년들은 공산당의 예비 핵심인력이고, 군사적으로는 예비군이다. 볼셰비키가 만든 '콤소몰'의 기관지는 <콤소몰스카야 프라우다(Комсомольская Пра́вда)>였다. 소련 시절 많은 발행 부수를 자랑했다.

중국판 콤소몰 '중국 공산주의 청년단(中国共产主义青年团, 공청단)'이 청년 독자들에게 배포한 기관지는 <중국청년보(中国青年报)>다. 중화인민공화국 건국 후 1951년에 창간되었다. <중국청

년보>는 공산주의 교육 이외에도 문화, 대학생활, 직업교육 등 내용을 첨가해 청년들의 흥미를 끌고자 했다. 참고로 북한판 콤소몰 ‘김일성 사회주의 청년동맹’의 기관지 이름은 <청년 전위>였다.

소련 ‘작가’ 동맹은 소련공산당이 사회주의 건설에 문학을 이용하고자 관련 단체를 하나로 묶어 관리하려고 1932년에 만든 조직이었다. 기관지는 주 3회 발행되었던 <문학 신문(Литературная Газета)>이다. 중국공산당도 1949년 중국 ‘작가’ 협회를 만들었다. 기관지는 <문예보(文艺报)>이고 역시 주 3회 발행되었다. 월간으로는 『인민 문학(人民文学)』이 있었다.

소련공산당 기관지가 <프라우다>라면, 소련행정부의 기관지는 <이즈베스티야(Известия, 소식)>다. <이즈베스티야>의 연원을 따져보면 러시아혁명 시기에는 멘셰비키 측이 발행하는 신문이었다가 볼셰비키 최고 소비에트의 기관지가 되었다. 중국으로 가면 비슷한 이름의 신문 <참고소식(参考消息)>이 있다. 마오쩌둥은 <참고소식>의 역할을 ‘외신, 국제뉴스를 전하는 신문’으로 삼았다. 1956년 폴란드와 헝가리에서 반소련 봉기가 일어나고 소련군이 헝가리에 진주하는 상황을 보면서 마오쩌둥은 국제정세 조기 파악의 필요를 느꼈다. <참고소식>에는 외신을 그대로 번역해서 싣는 경우도 많았는데, 말 그대로 외신을 ‘참고’하여 ‘소식’을 얻었던 신문이었다. <참고소식>은 개혁개방 즈음 천만 부에 육박하는 중국 내 최대 발행부수의 신문이 되었다.

텔레비전, 신문, 라디오, 잡지 등 전통적 4대 매체가 퇴조하는 전 세계적 현실에 따라 중국과 러시아 관영 매체들도 달라졌다.

디지털 미디어에 힘을 쏟는 '멀티 플랫폼', '크로스 미디어' 전략을 구사할 수밖에 없게 되었다. 사회주의를 거친 국가에서는 정권의 언론 통제가 여전하다. 구소련 시기뿐만 아니라 구소련 해체 후의 러시아에서도 언론에 대한 제도적 또는 비공식적 검열과 통제는 강력하다. 민간 언론에 대한 통제에는 연방보안부도 관여했고, 수많은 디지털 미디어를 효율적으로 통제하기 위하여 '가짜뉴스법'을 만들었다. 중국은 빠르게 발전하는 인공지능, 시각인식과 보안 기술까지 여론 통제에 활용한다.

××××××××××××××××××××××××

네이버, 바이두, 얀덱스의 공통점

××××××××××××××××××××××××

세계의 인터넷, 디지털 세상을 주름잡은 구글이 검색엔진을 장악하지 못한 나라가 몇 개 있다. 대표적인 나라가 중국, 러시아, 그리고 한국이다. 한국에서는 네이버가 검색엔진과 디지털광고 시장의 강자다. 그러나 세계에서의 사용 인구수는 그리 높지 않다.

중국의 토종 검색엔진 사용 대상 인구는 대략 잡아도 17억이 넘는다. 대륙, 홍콩, 마카오, 그리고 대만의 인구에 동남아시아와 세계 곳곳의 화교 숫자 일부를 합친 것이다. 러시아의 토종 검색엔진 사용 대상 인구도 대략 2.5억 명이 넘을 것으로 본다. 동슬라브족인 러시아, 우크라이나, 벨라루스가 있고, 중앙아시아의 카자흐스탄, 우즈베키스탄 등 5개 '스탄' 국가의 일부 인구, 그리고 옛 소련 캅카스 남쪽 3개 국가의 일부 인구와 발틱 3개 국가의 일부

인구를 보수적으로 잡은 것이다.

중국과 러시아의 검색엔진을 토종 회사들이 장악한 공통적인 상황의 이면에는 위에서 얘기한 '언어' 요인 이외에 '검열' 문제가 있다. 중국과 러시아의 당국은 디지털 세상을 검열하고 통제하는 것으로 널리 알려져 있다. 구글(谷歌, 구거)의 경우 대륙에서의 검열에 불응하여 철수했다가 서버를 홍콩으로 옮기는 절충안으로 선회하는 와중에 중국 토종 검색엔진에 눌렸다. 일부 국제적인 인터넷 기업들은 중국 당국의 검열을 받아들였다. 한편 국제적인 인터넷 기업들의 서비스 중에는 중국 국민에게 통제된 것이 많고 그 중에는 한국 회사의 것도 있다.

중국에서 인터넷 검색은 '수색(搜索)'이라고 하고, 엔진은 영어 발음을 표기하여 '인칭(引擎, 인경)'이라고 한다. 키워드는 '관건자(关键字)', 마케팅은 '영소(营销)'다. 검색엔진 마케팅의 또 다른 방법인 최적화(SEO)는 수색인칭 '우화(优化)'다. '우화'는 우수한 것을 선택한다는 의미다.

중국 최대 검색엔진은 바이두(百度)다. '백번'이라는 뜻이다. 송나라의 문장에서 따왔고 검색의 대상을 끝없이 찾아내어 제공한다는 의미를 함축한다. 검색엔진 바이두는 2001년에 출시되었다.

사실 중국 검색엔진 시장에서는 1998년에 먼저 나온 '여우찾기(搜狐, 수호, sohu.com)'가 더 잘나갔다. 이 회사는 돌연 원래의 검색 브랜드를 포털 서비스로 분리했고, 검색엔진 서비스를 '개찾기(搜狗, 수구, sogou.com)'라는 브랜드로 바꾸면서 이용자와 멀어졌다.

바이두의 광고 수익은 전통적 매체인 티브이를 금세 뛰어넘었다. 다만 모바일이 주도하는 매체 환경으로 바뀌면서 바이두의 광고 수익도 영향을 받게 되었다.

바이두는 미국 나스닥에 상장했다. 창업자 리옌훙(李彦宏)은 부유하지 않은 가정에서 태어났다. 베이징대를 졸업하고 미국 대학에서 공부한 후 현지에서 취업했다가 중국에 돌아와 바이두를 창업했다. 바이두는 중국의 대표적 인터넷 기업을 표현한 BAT의 한 축이다. B가 바이두, A는 알리바바, T는 텐센트다.

바이두가 제공하는 인터넷 서비스는 우리가 상상할 수 있는 거의 모든 분야다. 예를 들면, 한국 네이버의 지식인 서비스와 비슷한 것이 바이두의 '알다(知道, 지도)' 서비스다. 4차 산업 시대에 대하여서는 구글과 마찬가지로 자율주행 등 분야에 주력하고 있다.

러시아의 토종 검색엔진은 얀덱스(Яндекс)다. '색인'이라는 의미의 인덱스(Индекс)의 앞 한 글자만 야(Я)로 바꾼 것이다. 야(Я)는 '나(I)'라는 뜻의 러시아어이고, 야(Я)는 단어의 장단 발음에 따라 이(И)로 발음되기도 하기 때문에 얀덱스라고 이름 지었다고 했다.

얀덱스는 1997년 출시되었다. 러시아어를 사용하는 전 세계 인구가 만만치 않기 때문에 세계 검색엔진 순위 다섯 손가락 안에 들어간다. 얀덱스도 구글이나 바이두와 마찬가지로 가능한 많은 서비스를 제공한다. 클라우드, 메일, 전자상거래, 번역, 스트리밍,

지도, 택시, 배달, 결제 등 서비스 분야가 폭넓다. 4차산업 방향 역시 인공지능, 사물인터넷 등에 투자했다. 얀덱스도 바이두와 같이 미국 나스닥에 상장했다.

××××××××××××××××××××××××

토종 소셜미디어, 웨이보와 vk

××××××××××××××××××××××××

러시아에서는 일부 국제적인 인터넷 서비스가 차단된다. 중국에서도 국제적인 소셜미디어나 집단지성 사이트 같은 곳의 접속이 통제된다. 중국 당국과 타협점을 찾은 몇몇 국제적인 인터넷 서비스는 접속이 열리기도 했으나 대부분의 중국과 러시아 사람들은 토종 소셜미디어, 콘텐츠 플랫폼을 이용하는 것을 당연시한다.

중국에서 소셜미디어 즉 SNS는 '사교(社交) 매체'라고 불린다. 중국인에게 가장 대중적인 토종 소셜미디어로 처음 자리매김했던 것이 '웨이보'다. 웨이보는 마이크로 블로그로 '웨이'는 마이크로의 뜻(微, 미)을, '보'는 블로그의 음(博客, 박객, 보커)을 따와 합성한 것이다. 이용법은 트위터와 비슷하다. 정해진 글자 수의 내용이 올라오면, 팔로우(关注, 관주)하는 팬들(粉丝, 분사, 펀쓰)이 읽는다.

중국에서 웨이보 서비스를 제공하는 회사가 몇 개 있지만 '시나(新浪) 웨이보'가 대표적이다. 시나 웨이보는 2009년에 시작되어 나스닥에 상장되었다. 시나(Sina)라는 이름은 중국을 뜻하는 라틴어 시노(Sino)에서 가져온 것으로, 중국의 주도적인 인터넷 서비스가 되겠다는 의미를 담았다.

웨이보는 선풍을 일으켰다. 이용자가 엄청나게 늘었다. 그러자 각종 관공서, 각급 학교, 거의 모든 회사 등이 웨이보 계정을 만들어 양방향 소통을 시작했다. 기업들은 마케팅과 광고의 도구로 활용했다. 오랫동안 언로가 막힌 채로 살고 있던 중국 일반인들이 웨이보를 통해 의사를 분출하기 시작했다. 공직자의 부패와 추문 폭로, 체제 비판, 사회적 약자들의 불만, 서방세계에 대한 미화와 선망, 웨이보를 이용한 불건전하거나 불법적인 거래와 상행위 등 중국 체제 안정을 저해하는 요인들이 넘쳐났다.

일반인들은 웨이보에 대해 효능감과 무력감을 동시에 느꼈다. 반대로 당국은 웨이보에 대해 이용가치와 통제의 필요를 동시에 가졌다. 당국은 적절한 선에서 언로를 풀어주되, 기저를 흔드는 논란은 막거나 묻었다. 이즈음 등장한 것이 '웨이신(微信)'이었다. 웨이신은 기본적으로 모바일 위주의 인스턴트 메신저다. 중국의 카카오톡이다. 영어로는 위챗(WeChat)이다. 한국에서 게임 퍼블리셔 '텐센트'로 잘 알려진 텅쉰(腾讯)이 웨이신을 출시했다.

텅쉰은 이미 1999년부터 온라인 기반의 인스턴트 메신저 QQ로 중국 젊은이의 사랑을 받고 있었다. 인스턴트 메신저를 중국에서는 즉시통신(即时通讯)이라고 한다. 텅쉰은 디지털 세상의 흐름이 모바일로 옮겨 가는 것을 놓치지 않고 웨이신을 내놓아 대세를 이루었다.

웨이신은 중국인들의 생활에 깊숙이 자리 잡았다. 대표적 서비스인 지인들 간의 인스턴트 메신저 기능은 중국의 스마트폰 소유자라면 대부분 사용했다. '모멘트(朋友圈, 붕우권)'라는 이름의 서비스는 별도의 앱 설치가 없는 인맥 SNS다. 소셜미디어에서 '좋아요'는 '찬(赞)', '댓글'은 '평론(评论)'이다. '공식계정(公众号, 공중호)'은 많은 기업들이 마케팅과 광고 활동을 펼치는 서비스다. '표류병(漂流瓶)'이라는 서비스는 상징적인 유리병에 메시지를 담아 띄워 불특정인이 건져 볼 수 있게 했다. 중국 당국은 색정(色情)적인 내용이 많다고 금지시켰다. 서방에서도 많은 이용자를 모은 숏폼 비디오 소셜미디어 틱톡(TikTok, 회사명 바이트 댄스)의 모기업은 중국회사다. 중국 서비스명 '두음(抖音)'은 '떠는 소리'의 의미이고, 회사명 '자절 도동(字节跳动)'은 '약동하는 바이트'라는 뜻이다.

러시아 사람들이 주로 사용하는 소셜미디어 SNS도 토종의 그것이었다. vk가 접속량이 가장 많다. vk는 러시아어 '브(B)콘딱쩨(Контакте)'의 영어 도메인명이다. 브(B)는 '~에'의 뜻이고, 콘딱뜨(Контакт)는 콘택트, 즉 '연락'이라는 뜻이다. vk는 페이스북과 유사한 서비스를 기본으로 하면서, 영상·오디오 플랫폼 등 광범위한 서비스를 제공한다. 러시아 정부의 입김을 받는 국영기업이 vk의 상당수 지분을 인수하는 방식으로 지배력을 차지했다. 전술한 바와 같이 세계의 러시아어 사용자들에게 vk의 영향력이 강하다.

벨라루스나 카자흐스탄 같은 나라에서도 vk는 상위권의 인터넷 서비스이다.

ok.ru도 유명하다. ok는 '아드노(Одно)끌라스니끼(Классники)'의 영어 도메인명이다. 아드노(Одно)는 '하나의, 같은'의 뜻이고, 끌라스니끼(Классники)는 클래스 메이트들, 즉 '동급생'이라는 뜻이다. ok는 한때 한국을 풍미했던 아이러브스쿨과 비슷한 인터넷 서비스라고 생각하면 된다. 한편 이메일 서비스도 러시아 사람들이 선호하는 것은 토종의 mail.ru이다. 중국에서도 마찬가지다. 중국인들에게 무료 이메일 계정을 제공해서 성장했고 나스닥까지 상장한 토종 회사는 왕이(网易, NetEase, 넷이즈, 163.com)이다.

××××××××××××××××××××××××

러시아와 중국,
다민족 국가의 소수민족 정책

××××××××××××××××××××××××

중국과 러시아의 소수민족 이야기를 해 보자. 러시아인의 외모로 떠오르는 모습이 무엇이냐고 한국 사람에게 질문한다면 금발에 유럽 쪽 인상이라는 대답이 많을 것이다. 그렇지만 사실 러시아는 100개를 훌쩍 넘는 소수민족과 함께 이루어진 나라다. 러시아가 혈통이 섞이고 또한 많은 민족으로 공동체가 구성된 이유 중에는 다음 두 가지가 있다.

동슬라브인들을 중심으로 9세기 유럽 동쪽 삼림지대에 세워진 러시아는 한동안 외부 세계와 큰 충돌이 없었다. 그러던 중 13세기부터 15세기까지 몽골이 러시아로 쳐들어와 지배했다. 서유럽은 대항해를 통해 아시아를 접했지만, 러시아는 아시아 기마병력의 직접 침략을 받았고 이때 서양의 슬라브족과 동양의 유목민족 사이에 혼혈이 일어났다.

또 러시아라는 구성체에 100개가 훨씬 넘는 소수민족이 더해진 이유는 러시아 차르들의 끊임없는 영토확장 때문이었다. 16세기 이반 4세 이전까지 러시아의 땅은 3백만km^2(한반도 면적의 약 10배)가 채 되지 않았다. 몽골이 물러간 이후의 차르들은 동쪽 아시아 땅에 관심을 갖게 되었다. 차르들이 동쪽으로 영토를 팽창하기 시작하는 한편 서쪽으로는 동유럽과 발트해 연안, 남쪽으로는 캅카스(코카서스)산맥 이남과 중앙아시아로도 공략을 멈추지 않았다.

러시아는 이후 300년 넘게 국경을 벌려 나갔다. 19세기 중반 러시아제국 때 알래스카를 포함한 2천4백만km^2의 크나큰 강역이 마련되었다. 19세기 후반 러시아는 미국에 알래스카를 팔았고 20세기 초 소련 시절의 영토는 2천2백만km^2가 넘었다. 한반도의 100배다. 구소련 해체 후 러시아 연방의 땅만도 1천7백만km^2에 이른다. 이렇게 국토를 넓혀감에 따라 그곳에 살던 소수민족들은 러시아에 복속될 수밖에 없었다.

과거 소련이었다가 구소련 해체 후 독립한 14개 나라에도 다양한 민족이 존재한다. 14개 국가는 중앙아시아의 5개국, 캅카스산맥 이남의 3개국, 발트해 연안의 3개국, 서부 러시아의 3개국이다. 그렇지만 구소련 해체 후 러시아 연방만 따지더라도 100개가 훌쩍 넘는 민족이 있다. 러시아는 2005년부터 11월 4일을 민족 단결의 날(День Народного Единства, 또는 국민 통합의 날)로 제정하여 공휴일로 삼고 통합을 강조했다. 11월 4일은 영토확장의 시조 이반 4세 사후 혼란기인 1612년, 폴란드에 의한 모스크바 피침을 격퇴한 날이자 볼셰비키의 10월 혁명(율리우스력)을 기념하는 등 여러 가지 의미가 섞여 있다.

러시아가 다민족 국가가 된 것이 중심으로부터 바깥으로의 팽창 때문이라면, 중국이 다민족 국가가 된 배경은 거꾸로 주변 민족의 중원으로의 진입이다. 최초의 통일왕조 진(秦)나라와 한(汉)나라 이후 중국 대륙에는 거란의 요(辽), 몽골의 원(元), 여진·만주의 금(金)과 청(清)나라까지 북방 이민족이 지속적으로 건국, 거병하여 중원으로 밀고 내려왔다. 중국은 이들 북방 이민족의 왕조도 모두 자국의 역사에 편입했다. 이민족은 한족과 함께 농업 문명화되고, 유교 문화화되어 이른바 한화(汉化)되었기 때문에 대륙의 모든 민족은 중화민족이라는 것이다.

중화민족의 기준으로 역사상 가장 최근이면서 넓은 강역은 17세기 말에서 18세기 말까지 100년 동안 유지된 청나라 '강옹건(康雍乾) 치세'이다. 강희(康熙)제, 옹정(雍正)제, 건륭(乾隆)제 때다. 영어로 이것을 'High Qing(청) 시기'라고 부른다. 영토는 몽고, 동북, 신장, 티베트, 대만에 이르렀고, 인구는 3억을 돌파했다. 국부도 확대되었다. 청나라 이후 1949년 중화인민공화국 건국 당시 당국이 조사한 민족의 수는 500개가 넘었다고 한다. 중화인민공화국은 이 가운데 56개를 공식 인정했다.

러시아의 경우 주류인 러시아인과 기타 민족의 인구 비율은 8:2 가량이다. 소비에트 혁명 이전 레닌은 여러 경로를 통해 소수민족 독립을 옹호했으나 소련 건국 시기에는 입장이 바뀌어 다민족을 흡수한 소비에트 연방을 추진했다. 레닌 사후 스탈린의 소수민족 정책은 가혹했다. 흥미롭게도 레닌은 아시아계 혼혈이고, 스탈린은 조지아(그루지야)계였다. 농업집체화에 포함된 소수민족들은 기아와 질병으로 인구가 감소했다. 스탈린은 국가 안전을 내걸고 여기저기로 강제 이주를 시켰다. 고려인도 이것의 피해를 보았다. 명목상으로는 소수민족 언어를 허용한다고 했으나 실제로는 사멸 위기에 처했다.

중화인민공화국은 소련의 소수민족 정책에 문제가 많았다고 판단했다. 중국은 주류인 한족과 소수민족의 인구 비율이 9:1 가량으로 소수민족의 비중이 상대적으로 적음에도 불구하고, 소수민족까지 중화민족으로 묶는 작업이 중요했기 때문에 소수민족 포용 융화정책을 폈다. 먼저 중화인민공화국 건국 당시 소수민족을 대상으로 선전을 강화했다. 신중국, 즉 중화인민공화국이 봉건노예 상태의 소수민족들을 해방시켰다는 내용이었다.

이후 중국의 소수민족 정책은 다음과 같다. '전인대와 정협 등 정치기구에 소수민족이 진출하는 비율을 높인다. 민족 언어를 함께 사용하게 한다. 민족 복식과 문화를 장려한다. 산아제한을 완화한다. 소수민족의 주 거점인 낙후지역의 전기, 통신, 도로 등 기반시설을 더해준다. 라마교, 소승불교, 이슬람교 등 소수민족의 종교를 허가한다. 시장경제 도입 이후에는 대출 및 조세 우대를 해준다. 대학 진학률을 높인다.' 등이다. 예를 들어 1949년 중화인민공화국 건국년 연변(延边) 조선족 자치주에 설립된 연변 대학은 중국공산당이 초기 소수민족 지구에 만든 대학이다. 약칭이 연대(延大)로 한국의 연세대와 같다.

중국과 러시아는 긴 국경을 마주했고 국경선의 변화도 많았던 만큼, 서로의 땅에 거주하는 사람도 있기 마련이었다. 중국의 56개 소수민족에는 러시아족(俄罗斯族), 우즈베크족(乌孜别克族), 카자흐족(哈萨克族), 타지크족(塔吉克族)이 포함되어 있다. 러시아에 거주하는 중국인의 숫자는 빠른 증가 추세다. 중국과 러시아가 소수민족 관련하여 함께 입을 모으고 있는 부분은 서방에 대한 관점이다. 중국과 러시아는 서방이 자신들의 소수민족 문제에 불순한 의도로 간여(干與)했다고 여긴다. 러시아 캅카스 쪽 오세티야, 체첸 등과 중국 티베트, 위구르 등의 사안에 서방이 정치적 이유로 간섭했다는 것이다.

유대인 자치주가 왜 극동 연해주 옆에?

러시아에는 80여 개의 지방 행정구역이 있다. 헌법에 명시된 러시아 연방주체다. 미국은 50여 개의 주와 특별구가 있다. 일본에는 40여 개의 도도부현(都道府県)이 있다. 한국은 이북5도를 제외하면 17개다. 러시아의 80여 개 지방 행정구역은 공화국, 주, 지방, 자치구로 구분된다. 이 중에 25개 정도가 소수민족을 위한 자치 행정구역이다.

먼저 20여 개의 자치 '공화국(Республика, 레스푸블리카)'이 있다. 자치공화국에는 각자의 헌법, 대통령, 의회가 있다. 예를 들어 우리 귀에 익숙한 알타이 공화국을 보자. 알타이 공화국은 서시베리아의 남쪽에 있다. 중국, 몽골, 카자흐스탄에 접해 있다. 러시아인이 인구의 반을 넘고, 알타이인은 인구의 30% 정도를 점한다. 시베리아의 광활한 땅 사하공화국으로도 가보자. 사하공화국은 3백만km^2가 넘는다. 러시아의 행정구역 중 가장 넓다. 그런데 한반도보다 열 배 이상 더 큰 이 땅의 인구는 90만 명이 조금 넘을 뿐이다. 시베리아 야쿠트인이 45%가량이다. 17세기 초부터 러시아에 복속되었다. 캅카스산맥 북쪽의 체첸공화국을 들여다보자. 체첸인이 인구의 95%를 차지하며 종교는 대부분 이슬람이다. 구소련 해체기에 독립을 선포했다가 러시아와 전쟁을 치렀다. 러시아 내 소수민족 분리독립의 상징적인 존재다.

러시아의 80여 개 지방 행정구역 중에서 47개가 '주(Область, 오블라스찌)'다. 예를 들어 사할린섬이 하나의 '주'고, 폴란드에 붙어 있는 칼리닌그라드도 하나의 '주'다. 47개 주 가운데 유일한 자치주가 바로 유대인 자치주인데 생뚱맞게도 러시아의 서쪽이 아닌 동쪽 연해주에 근접해 있다. 스탈린의 소수민족 강제이주에 의해 1930년대에 만들어졌다.

자치'구(Округ, 오크루크)'는 4개가 있다. 자치구 중에서 인구가 급감한 6개는 폐지되고 4개가 남았다. 자치구는 주로 시베리아와 우랄산맥에 위치해 있다. 추코트카 자치구는 러시아 동북부 중에서도 가장 동쪽이다. 추코트카 자치구의 베링해를 건너면 알래스카이며 추크치인과 에스키모 등이 산다.

중국에서 공식 인정된 소수민족의 숫자는 55개다. 중국의 소수민족을 대략 인구순으로 보면 장족(壮族), 만주족(满族), 회족(回族), 묘족(苗族), 위구르족(维吾尔族), 토가족(土家族), 이족(彝族), 몽고족, 티베트족, 포의족(布依族), 동족(侗族), 요족(瑶族), 조선족 등이다. 공식 인정에 포함되지 않는 소수민족으로는 마카오의 포르투갈 후예 등이 있다. 포르투갈 사람들은 16세기 초부터 마카오에 거주하기 시작했다. 포르투갈에서 유래한 에그타르트(蛋挞, 딴타)는 마카오의 명물 중 하나로 관광객들에게 인기다. 중국 남부의 운남성은 티베트, 미얀마, 라오스, 베트남에 접해 있는데, 30개 가까운 소수민족이 살고 있다.

중국도 러시아와 비슷하게 소수민족 자치를 위한 행정구역을 두고 있다. 성(省)급의 자치구역이 자치구(自治区)다. 5개의 자치구를 보자. 장족의 광서(广西) 자치구가 있다. 예전에는 광서가 아니라 계주(桂州)로 불렸다. 유명한 계림산수(桂林山水) 때문이다. 회족의 녕하(宁夏) 자치구가 있다. 위구르족의 신강(新疆) 자치구가 있다. 자치구의 수도 격인 수부(首府)는 우루무치(乌鲁木齐)다. 몽고족의 내몽고 자치구가 있다. 수부는 후허하오터(呼和浩特)다. 서장(西藏) 자치구는 티베트로 더 알려져 있다. 수부는 라싸(拉萨)다.

자치구처럼 광역 행정구역은 아니고 성 밑에 소속된 자치주(自治州)가 30여 개 있다. 길림성에 있는 연변 조선족 자치주가 이것에 해당한다. 연길시를 중심으로 도문시, 용정시, 백두산 풍경구 등이 속해 있다. 자치주보다 더 작은 자치 행정구역은 자치현(自治县)이다. 120개 가까이 있다. 자치현보다 더 작은 자치 행정구역은 자치기(自治旗)다.

러시아의 80개 연방주체 중에서 소수민족 자치구역이 아닌 곳은 연방 '시(Город, 고라트)'와 '지방(Край, 크라이)'이다. 모스크바와 상트페테르부르크가 언방시다. 지방 중에서 우리가 익히 들어본 것은 캄차카와 연해주 지방이다. 캄차카반도만 해도 한반도의 두 배가 넘는 면적이다. 우리가 연해주(Приморский, 프리모르스키)라고 부르는 까닭은 '프리모르스키'가 '바다와 붙어 있다'는 뜻이기 때문이다. 중국의 34개 지방 행정구역 중에서 소수민족 자치구역이 아닌 곳은 4개의 직할시, 23개의 성, 2개의 특별행정구이다. 직할시는 베이징, 상하이, 천진, 중경이다. 특별행정구는 홍콩과 마카오다.

러시아는 연방주체가 80개가 넘기 때문에 행정 편의로 이것들을 묶어 8개의 '연방관구(федеральные Округа)'로 구분했다. 푸틴이 2000년부터 채택한 통치 정책이다. 대통령이 각 연방관구의 대표자를 임명하여 파견했다. 예를 들어 모스크바가 들어 있는 중앙 연방관구는 8개 연방관구 중에서 인구가 가장 많다. 극동(원동) 연방관구는 면적이 가장 넓어 중앙 연방관구의 10배인데 인구는 가장 적다. 극동 연방관구는 사하공화국, 사할린주, 유대인 자치주, 연해주 지방, 추코트카 자치구 등 11개의 연방주체를 아우른다. 극동 연방관구의 대표지가 하바롭스크였다가 2008년에 블라디보스토크로 바뀌었는데, 이는 러시아가 극동 개발을 얼마나 중시하는지를 상징한다.

중국에도 러시아의 연방관구와 비슷한 '지구(地区)' 개념이 있다. 화동, 화남, 화중, 화북, 서북, 서남, 동북 등 7개다. 예를 들어 동북 지구는 길림성, 흑룡강성, 요녕성을 포함한다. 중국이 러시아와 다른 점은 지구의 대표자가 없다는 것이다. 지구 행정위원회는 폐지되었고 그 이후로 지구 개념은 경제·행정 위주로 활용되었다.

××××××××××××××××××××××××

무슨 신분증이 이렇게 많아

××××××××××××××××××××××××

러시아와 중국의 신분증 제도를 비교해 보자. 러시아에는 해외용 여권 이외에 '국내용(Внутренний) 여권(Паспорт, 파스뽀르트)'이라는 것이 있다. 국내용 신분증인 셈이다. 14세가 되면 발급된다. 국내용 여권에는 출생지, 출생일, 발급기관이 나와 있고, 성·명·부칭이 명시되어 있다. 러시아 사람의 이름에는 아버지 이름까지 쓰는 부칭(Отчество, 오체스뜨바)이라는 특징이 있다. 국내용 여권에 이사, 결혼, 출산, 여행의 기록도 적는다. 러시아 국민들은 국내에서 이것을 소지해야 한다. 분실하면 피곤하니까 집에 고이 모셔두고 복사한 종이를 들고 다니는 사람들도 많다.

그러나 국내를 여행할 때에는 원본이 필요하다. 거주지 이외의 지역에 가면 도장을 받는다. 이것을 '프라삐스카(Прописка)'라고 했다. '기입, 기록'이라는 뜻이다. 소련의 도시 주민들은

1930년대부터 국내 여권을 발급받았다. 소련의 농촌 주민들은 그보다 늦은 1960년대부터 국내 여권을 발급받기 시작했다. 의미를 따져보면 소련 당국이 농민들의 이동, 이전을 더 꺼렸다는 추론을 할 수 있다.

소련의 영향을 받은 중국, 북한 등 많은 사회주의 나라들에 여행 허가, 임시 거주등록 등의 제도가 있다. 그런데 여행 통제와 허가는 소련 이전 제정 러시아의 차르 시기에도 있었다. 차르는 농노의 거주 이전을 제한하기 위해 엄격한 여행 허가 제도를 유지했다. 구소련 해체 후 러시아는 프라삐스카 도장 제도를 중지했다. 그러나 거주지 이외의 지역에서 90일 이상 머무르면 현지 기관에 등록(Регистрация, 레기스뜨라찌야)을 해야 하는 제도는 남았다. 러시아는 이 국내 여권을 전자 정보가 내장된 플라스틱 카드 형태로 바꾸었다. 여기에는 기존 정보 이외에, 자동차 운전면허, 사회보장 번호, 납세자 번호가 들어 있다.

중국의 국내용 신분증인 카드 형태의 '거민(居民) 신분증'은 1984년에 손글씨로 쓰고 코팅한 형식으로 만들어졌다. 1999년에는 18자리의 '공민(公民) 신분 번호' 제도가 도입되었다. 2004년부터 전자 정보가 내장된 플라스틱 카드가 발급되었다. 여기에는 성명, 출생일, 주소, 발급기관이 적혀 있고, 유효기간이 나와 있다. 만 16세에 발급받는 10년 유효기간의 신분증, 만 26세에 발급받는 20년 유효기간의 신분증, 만 46세에 발급받는 장기유효의 신분증이다. 그런데 중국의 거민 신분증에는 '민족'이 명시되어 있다. 이 부분에서는 러시아가 먼저 변화했다. 예전에는 러시아 국내용 여권에도 민족을 표시하는 란이 있었으나, 소수민족 차별의 소지를 없애기 위해 민족란을 삭제했다.

러시아와 중국의 주민 등록, 관리 제도는 비슷한 부분이 많지만 중국은 기본적으로 전통적인 호적(户籍) 제도가 바탕에 자리를 잡고 있다. 통상 호구(户口) 제도라고 부르기도 한다. 중국 대륙의 고대부터 백성과 농지, 조세, 군역 등을 묶어 관리하는 용도로 존재해 왔다. 사회주의 중화인민공화국도 호적 제도를 이어받았다. 개혁개방 시기에는 호적 제도의 역할에 산아제한을 통한 인구통제가 추가되었다.

중국 호적 제도에 의해 개인의 호적이 농업 호적과 비농업 호적으로 구분되었다. '농업 호적'과 '비농업 호적'을 '농촌 호적'과 '도시 호적'으로 변경한 성과 시도 있다. 농촌 호적과 도시 호적의 구별이 엄격하다 보니 농촌을 떠나 도시에서 노동을 하는 농민공은 상하이나 베이징의 호적을 얻기 어려웠다. 호적은 자녀 교육 등 개인 생활의 전 분야에 영향을 미쳤다. 당국은 내수경기와 도시화를 통해 경제 성장률을 유지해야 하기 때문에 도시 인구 비율의 증대를 꾀해야 하는데, 호적 제도는 걸림돌인 동시에 폐지하기 어려운 딜레마다. 이것이 중국 정부의 국정과제에 호적제도 개혁이 들어간 이유다.

중국 인민의 호적이 기록되어 있는 장부가 '거민 호구부(户口簿)'다. 공안부가 발급한다. 가족 구성원의 성명, 출생, 직업, '적관(籍贯)'이 적혀 있다. 적관은 부계 조상의 근거지다. 한국의 원적, 본적 개념이다. 중국인의 진학, 결혼, 여권 발행 등 생활 대부분 상황에 거민 호구부가 필요하다.

중국의 본인 호적이 있는 지역 특히 농촌 지역에서 도시로 들어와 사는 경우에, 잠시 거주한다는 의미의 '잠주증(暂住证)'을 발급받아야 한다. '잠주증'이 풍기는 연상이 부정적이기 때문에 도시에 따라서는 '거주증'으로 이름을 바꾼 곳도 있다.

러시아와 중국 양국에 '취업증' 제도가 있었다. 중국의 경우 고등학교, 직업학교 졸업 후 취업하거나 대학 졸업 후 취업할 때 발급되었다. 개인의 취직, 근무, 이직 등이 기록되었다. 고용하는 조직에 필수적으로 제출되기 때문에 개인은 이것의 기록에 많은 신경을 썼다. 중국에는 심지어 '취업 보도증(报到证)'이라는 것도 있었다. 말 그대로 '도착을 보고한다'는 의미인데, 졸업하는 학교에서 발행하고 해당자가 최초 취업하는 조직에 갖다 냈다. 개혁개방 이전의 이름은 '파견증'이었다.

한국도 관공서가 발행하는 각종 증명서가 요구되는 상황이 많다. 그래도 카드나 수첩 형태로 되어 있는 신분증은 일반적으로 주민등록증, 운전면허증, 여권 등 몇 가지에 지나지 않는다. 중국은 카드나 수첩 형태의 신분증이 많다. 결혼한 부부는 각자 '결혼증(结婚证)'을 발급받는다. 이혼하면 '이혼증'이 있다. 이혼증에는 이혼 이후 채권 채무, 재산 처리, 자녀 양육, 부모 부양 등의 내용이 기록되어 있다. '미혼증'도 있다. 미혼증은 부동산 거래, 일부 취업, 결혼 정보 회사 등록 시 필요하다.

그 외의 '생육증'은 준생증(准生证)이라고도 하는데 임신 계획 시 발급받았다. 과거 국가가 산아제한 즉 계획 생육을 관리했기 때문에 허락, 부합, 표준을 뜻하는 '준(準)'이라는 말이 들어갔다. 이것에 따르지 않을 때, 경우에 따라 금액의 차이는 있지만 비교적 큰 벌금이 발생했다. 엄격한 1자녀 계획생육 시절에도 부유한 집에서는 벌금에 구애받지 않고 아이를 낳았다. 거꾸로 빈한한 농촌에는 벌금이 두려워 출생 등록을 못한 아이들이 많았다.

대륙 또는 내지와 기타 지역 간 통행증이 있었다. '대륙 거민(大陆居民)용 대만 왕래 통행증(往来台湾通行证)'이다. 입대증(入台证)이라고도 했다. 역으로 '대만 거민(台湾居民)용 대륙 왕래 통행증(来往大陆通行证)'도 있었다. 또 '대륙 거민용 홍콩, 마카오 왕래 통행증'이 있었다. 거꾸로 '홍콩 마카오 거민(港澳居民)용 내지 왕래 통행증(往来内地通行证)'은 고향으로 돌아간다는 의미의 회향증(回乡证)이라고도 불렀다.

중국어로 여권을 '호조(护照, 護照)'라고 한다. 명나라, 청나라 시기 통행증의 용도, 소지자를 '보호(護, 호)하고 돌보다(照, 조)'에서 유래했을 것이다. 중국의 여권소지자 비율은 낮으나 그 숫자는 거대 인구답게 세계 여행 시장에서 만만치 않다.

×××××××××××××××××××××××××

주숙등기를 하시오

×××××××××××××××××××××××××

외국인 입장에서 중국이나 러시아에 들어가거나 거주하는 상황에 대하여 알아보자. 일단 외국인이 중국, 러시아에 들어가거나 거주하게 되면, 중국에서는 '공안', 러시아에서는 '밀리찌야'를 상대해야 할 경우가 많다. 출입국, 비자, 주숙 등록, 거류증 등의 관리를 이들이 하기 때문이다. 외국인으로서는 결코 쉽지 않은 상황이라 하겠다.

러시아는 자국민들에게 국내용 신분증인 '국내 여권'을 발행하고, 거주지 이외의 지역에서 일정 기간 이상 지내는 사람은 현지 기관에 등록(Регистрация, 레기스뜨라찌야)을 해야 한다. 주숙등기는 비자, 출입국신고서(Disembarkation/Embarkation Card)와 별개의 것이다. 외국인들은 주로 러시아의 호텔(Гостиница)이나 기타 숙소에 머물게 되는데, 당국에 주숙 등록을 해야 하는 기준 기간이 내국인보다 상대적으로 짧았다. 주숙 등록을 해야 하는 기준 기간의 요건은 또 있는데, 도시나 주요지역에 머무는 경우가 지방·농촌으로 갈 때보다 짧았다. 이런 원칙은 중국도 러시아와 대략 비슷했다. 소련 당국에 등록하는 주체는 여행자가 아니라 호텔이나 집주인이었다. 그런데 구소련 해체 이후에는 과거처럼 주숙등기 제도를 엄격하게 관리하지는 않는다.

일반적인 여행자를 관리하는 규정과는 별개로, 러시아에 거주하며 일을 하는 외국인에 대해 러시아 당국은 이민법을 간소화하며 개방적인 방향으로 변화했다. 특히 외국인 중에서 기술 등을 가진 사람은 쉽게 3년 정도의 거류 허가를 받을 수 있도록 해주는 제도가 시행되었다. 혁신과 첨단 기술 분야에서 외국 출신 인재를 유치하고 러시아의 경제 구조 개혁에 도움이 되도록 하는 시도였다.

서두에 얘기한 것처럼 외국인이 중국이나 러시아에서 머물 때 매우 성가신 것 중의 하나가 거주 등록이다. 호텔이나 주택의 주인인 본토인이 등록을 해 주어야 한다는 것이 맹점이다. 집주인이 등록을 해 주지 않는 이유는 다양했다. 단순히 귀찮아서 그럴 수도 있고, 어떤 이익을 얻고자 하는 지렛대로 활용하기도 했다. 러시아 당국은 이런 현실을 인지하고 관련법 개정안에서는 외국인 '우수인력'은 거주 등록을 꼭 거주지가 아니라 근무하는 회사나 조직의 주소지에도 할 수 있도록 했다. 물론 이때 '우수인력'의 기준은 러시아 당국이 정한 바에 따른다.

중·러 간 인구이동의 관점에서, 러시아의 이민법 개정은 러시아 동쪽 중·러 접경 도시들의 인구변화를 초래하기도 했다. 이 개정으로 국경 통과가 쉬워졌기 때문이다. 금융위기 시기를 지나 러시아 경제가 호전되면서 중·러 국경을 넘어 러시아 쪽으로 들어오는 불법 체류 중국 노동자들이 늘었다. 이 노동력은 러시아의 외국 인재 유치와는 거리가 있는 것이어서 러시아 당국은 주기적으로 통제를 했다.

중국에서 외국인이 일을 하려면 먼저 직업(职业, Zhiye, Z) 비자를 받아 입국해야 했다. 그리고 나서 Z비자를 토대로 '외국인 취업허가증'과 '외국인 거류허가증'을 받아야 했다. 외국인 취업허가증은 공안부가 아니라 '인력자원 및 사회보장부(人力资源和社会保障部)'에서 발행했다. 보통의 경우라면 외국인 취업허가증과 외국인 거류허가증은 1년 단위로 갱신했다.

중국이 개혁개방되고 시장이 열리자 많은 외국 기업과 외국인이 들어왔다. 1996년에 만들어진 '중국 내 외국인 취업관리 규정'은 오랫동안 외국인 인력관리의 기본 틀이었다. '해외인력 활용' 관점에서 중국이 러시아와 가장 다른 점은 미국 등 서방에 사는 중국 교포나 유학을 갔던 외국 국적의 인재를 유치하려는 노력을 당국이 대대적으로 기울였다는 것이다. 중국은 2004년부터 영주권(영구 거류증) 제도를 시작했다. 속칭 중국판 '그린카드(绿卡)'다. 이후 '천인 계획(千人计划)'으로 이름 짓고 구체화했다. 중국 당국은 인재들을 데려오기 위하여 외국인 취업 규정을 바꾸고 유인책을 마련했다. 당시 이러한 노력의 결과 2,000명이 넘는 기술 과학 인재가 중국으로 들어갔다.

중국 당국은 이후로도 외국인 취업관리 규정을 계속 개정하며 해외의 우수인력을 끌어들이고자 했다. 2015년 개정은 자유무역 시범구역에 외국인 인재를 유인하기 위한 것이었다. 2017년에는 외국인 인재의 규정을 적시했는데, 박사학위 소지 중국 교포, 해외 유명대학 출신 외국인, 수입이 중국 평균의 6배 이상이면서 수입의 20% 이상을 중국에 소득세로 납부하는 외국인, 중국의 주요 연구소·대학과 기업이 초청한 외국인 등이었다. 이들에게는 '외국인 전문가증(外国专家证)'이라는 수첩을 발행해 줬는데, 내국인과 똑같은 대우와 많은 혜택이 명시되어 있다.

한편 일반적인 외국인 여행자로서 중국에 들어가는 사람이 반드시 미리 인지해야 할 것 중에 '입장함(入藏函)'이라는 것이 있다. 티베트(西藏, 서장)에 들어가는 것이라 해서 '진장함(进藏函)' 또는 티베트 여행을 가는 것이라서 '여장 확인함(旅藏确认函)'이라고 하기도 했다. 외국인이 티베트의 전 지역에 들어갈 때는 반드시 티베트자치구 여행국이 미리 허가한 공문이 필요하다. 그것도 개인은 신청하거나 받을 수 없다. 반드시 허가받은 단체 여행사를 통해서 들어가야 하고, 티베트 안에서도 개별적으로 행동하거나 돌아다니면 안 된다. 위구르, 내몽고, 흑룡강 등 기타 국경 지역은 전 지역은 아니지만 당국이 정해놓은 특정 지역에 들어갈 때 미리 허가를 받아야 한다.

'철 밥그릇'과 '올리가르히'

중국 백주(白酒)에 대하여, 가짜에 속지 않고 진품을 판별해내는 방법 중에서 특히 믿을 만하다고 알려진 것이 있었다. 바로 중국공산당과 공무원들에게 공급(?)되는 백주를 구하면 된다는 것이었다. 알 만한 사람은 다 아는 사실이었지만, 중국 백주 업체들은 이처럼 관(官)에 납품 또는 공여하는 제품을 따로 관리해 왔다. 그리고 그것에 가짜가 있을 리 없었다.

시진핑 집권 초기 부패한 관리들에 대한 '반부패(反腐败), 창렴정(倡廉政, 청렴한 정치를 창도하는)' 운동을 벌이자, 백주 회사들의 시가총액은 떨어지고 호텔 연회는 줄어들었다. 공무원이 갖고 있는 예산으로 술을 마시는 것뿐만 아니라, 민간 업자가 공무원을 접대하고자 하는 시도도 피하게 되었기 때문이다.

이후 공직자 사정의 분위기가 이어졌다. 부정을 저지르고 재산을 해외에 도피시킨 최고위 관리들에 대한 '호랑이 때리기(打老虎)'부터, 민생 현장 하위직 비리 공무원에 대한 '파리 잡기(拍苍蝇)', 그리고 권력의 주변에 기생하며 호가호위하는 인물들에 대한 '여우 사냥(猎狐狸)' 등이 그것이었다.

관리에 대한 정풍은 본래 목적대로 필요하다는 의견과 다른 파벌에 줄 섰던 혹은 마침 이전 정권에서 이른바 잘나갔던 인물들까지 힘이 바뀔 때마다 싸잡아 제거하려는 의도임이 명백하다는 주장이 맞섰다. 이런 류의 이야기들은 중국만의 사정이 아니라 아마도 지구상 거의 모든 나라의 정치, 그뿐만 아니라 사람의 손에 의해 운영되는 거의 모든 조직이 예외가 아닐 것이다.

어찌 되었든 중국에서 직업으로서의 공무원에 대한 인기는 매우 높다. 권한이 있고, 대우와 복리가 좋다. 부모들도 자녀가 안정적인 공무원이 되는 것을 바란다. 역사적으로 수나라 이전까지는 가문과 신분에 따른 관직 선발 위주였고, 일부 간단한 구술시험 등을 통한 관료 등용이 있었다. 수·당과 남송을 거치며 과거제가 정착됐다. 개혁개방 이후에는 보통 매년 국경절이 지나면 공무원 시험 공고가 나붙고, 겨울이 시작되면 필기시험이 있었다. 채용고시 과목 중 신론(申论)은 논술 시험이다.

한국은 외환 위기 이후 평생직장에 대한 개념이 사라졌다. 경제 성장 둔화와 노동 인력 수급의 변화 그리고 청년 취업난이 겹치면서 공무원 시험 수험생, 소위 공시생이 급속히 늘었다. 한국, 중국 등의 나라는 공무원의 고용 안정성이 높고 급여가 낮은 대신 연금 혜택이 좋다. 한국에서 '철밥통'이라고 부르는 것처럼 중국에서도 '철 밥그릇(铁饭碗, 철반완)'이라는 비슷한 이름이 있는 것이 재미있다. 공무원에 대한 인기도에 따라 청년층 사이에 과도하리만큼 공무원 응시생이 많아졌다가 적어졌다가를 반복한다.

한국은 여태껏 기업과 민간 부문이 글로벌 시장에서 분투하여 국부 경쟁력이 생겼다고 인정받았다. 그리고 앞으로의 혁신과 미래 경제 역량 또한 기업과 민간의 주도로 이루어질 것을 기대하는 것이 일반적이다. 다만 대기업 위주보다는 중견, 중소 그리고 스타트업의 고른 역할 분담이 소망스럽다 하겠다. 그런데 혁신 환경과 이를 뒷받침하는 정부 경쟁력 부문에서는 중국이 한국보다 낫다는 평가도 곰곰이 생각해 볼 필요가 있다.

러시아는 구소련 해체 이전과 이후의 체제 자체가 극명하게 달라졌다. 구소련은 자본주의와 다르게 당, 공직자, 인민들까지 체제가 생존을 책임진다고 얘기했다. 자본주의는 기본적으로 공무원과 민간인을 이분법적으로 나눈다. 공무원은 '정부와 체제 내의 인력'이고, 민간인들을 '사회적 다위니즘에 입각하여 스스로 생존을 책임져야 하는 존재'다.

소련의 사회주의가 실패하고 소련이 해체되면서 모든 민간인들이 자기의 자산으로 먹고살아야 하는 세상으로 바뀌었다. 이때 기존 국유 자산을 어떻게 사유화하느냐가 국가적 난제가 되었다. 이 와중에 기존의 공직자들이 석유, 가스와 기간산업, 제조업, 언론까지 장악하고 자산계급화하는 상황이 벌어졌다. 1990년대의 러시아를 돌이켜 보면 정치와 돈까지 모두 올리가르히(Олигарх, 알리가르흐)가 점유했다. 올리가르히의 원래 의미는 '과두(寡頭) 지배자'인데 러시아에서는 '신흥 재벌이 된 구 권력자'다.

이후의 러시아 현실은 알려진 바와 같다. 예를 들어 지구상 천연가스 매장량의 20%를 소유한 가즈프롬(Газпром)은 공직자가 설립, 민간에 주식 매각, 다시 재국유화되는 순서를 거쳤다. 이 과정에 푸틴의 최측근 메드베데프는 가즈프롬 이사회 의장에 임명되었다가 러시아 대통령, 러시아 총리가 되었다.

러시아의 기본적 공무원 기구법은 1991년 소련 해체 후 1993년에 만들어졌고, 1995년, 2003년 등 개정 절차를 거쳤다. 러시아에서도 직업 공무원이 되고자 하는 응시생은 많은 편이다. 러시아의 공무원 역시 권한이 많고, 재직 중 1회에 한해 주택을 받을 수 있는 기회가 주어지는 등 복리가 좋으며, 고용 안정성도 높다. 과거 메드베데프의 주도로 민간인이 공직자를 평가하는 시스템이 시험 도입되었다. 권력과 체제의 우군이어야 할 공무원 조직을 개혁의 대상으로 본 것이었다.

중국은 시장경제로 바뀐 후의 '공직자 자산계급화' 현황을 알아내기는 쉽지 않다. 당과 정부 사정 과정에서 일부 인사들에 대해 흘러나오는 또는 일부러 흘려 내보낸 비위 내용이 알려졌을 따름이다. 러시아와 다른 점을 또 들자면, 중국은 아직 공식적으로 '사회주의' 시장경제 국가임을 표방하고 있다.

중국 당국 입장에서는 민간기업에 역할을 부여하고 그 과실로 축적되는 부의 초과이윤 사유화를 어디까지 용인할 것인지를 판단해야 한다. 또한 중국 일부 기업과 기업인의 방만한 경영, 재산 해외 유출, 기술의 독점, 금융 통신 등 공공재에 대한 자유도 부여, 자본가의 개인적 명망, 그리고 부의 편재에 대한 기층 민중의 저항 가능성 등 고려해야 할 요인이 하나둘이 아니다. 그러면서도 동시에 민간기업의 성장 발전도 독려해야 한다. 이러한 배경 아래 중국은 민간기업을 일부 통제하고 '공동부유'를 강조하는 방향을 선택했다.

중국과 러시아 공공부문의 유사성은 사람 숫자가 많다는 데 있다. 서유럽에서 공무원 1인당 납세 국민 수를 보면 대개 1:120 선이라고 한다. 납세자 120명이 공무원 1명에 해당하는 정부 비용을 감당한다고 보는 것이다. 이 숫자는 구 사회주의권 나라들과 큰 정부를 표방하는 복지국가에서 낮아진다. 러시아는 1:80, 싱가포르는 1:70선이다. 중국은 1:190이라는 통계가 있는데, 중국의 실제 공공부문과 국영기업 등을 감안하면 1:25까지 될 것이라는 분석이 있다.

중국, 러시아 공무원의 공통점을 또 찾는다면 상대하기에 매우 까다롭다는 점을 들 수 있다. 한국 기업뿐만 아니라 아마 모든 외국 기업 입장에서 비즈니스 하기 가장 힘든 글로벌 시장 다섯 손가락 안에 두 나라가 들어 있을 것이다. 러시아는 행정 절차가 복잡하고 길고 많다. 중국은 외국 기업에게 불리한 제도와 그 적용으로 유명하다. 두 나라 모두 자국어로 된 계약과 문서의 해석이 아주 자의적이다.

한국 기업이 상대해야 할 중국 국가 기관이 여럿 있었지만 '국가 시장감독 관리총국(国家市场监督管理总局)'으로 합쳐졌다. 국가 시장감독 관리총국으로 합쳐졌다. 국무원 직속의 이 기구는 과거의 '국가 공상행정 관리총국(国家工商行政管理总局)', '국가 품질감독 검사 검역총국(国家质量监督检验检疫总局)', '국가 식품약품 감독 관리총국(国家食品药品监督管理总局)', '국가 발전개혁위원회 가격감독검사 및 반독점 집행(国家发展和改革委员会价格监督检查与反垄断执法)', '상무부 경영자 집중 반독점 집행(商务部经营者集中反垄断执法)', '국무원 반독점위원회 사무실(国务院反垄断委员会办公室)'을 모두 합친 매머드 조직이다.

중국 '공안'과 러시아 '밀리찌야'

러시아 경찰의 공식적 명칭은 오랫동안 '민병대(Милиция, 밀리찌야)'였다. 소비에트 혁명 기간과 소련 건국, 그리고 구소련 해체 시기와 이후의 러시아까지 이 명칭을 계속 사용했다. 나중에 국제적 통용 명칭인 '경찰(Полиция, 폴리찌야)'로 바뀌었다. 그러면서 사람들에게 무소불위의 권력을 휘두르고 뇌물을 챙기던 악명높은 밀리찌야에서 '치안 서비스'를 담당하는 폴리찌야로 변신한다고 공언을 했다.

밀리찌야가 탄생한 배경은 제정 러시아 시기 볼셰비키에 있다. 제정 러시아에는 경찰이 있었다. 소비에트 혁명을 이끌던 볼셰비키에게는 내전 상황하에서 후방의 치안을 담당하는 조직이 필요했다. 그 일을 노동자와 농민이 맡았고 그 이름을 밀리찌야라고 했다. 소련 건국 후에는 밀리찌야가 경찰업무뿐만 아니라 소방, 감옥관리까지 담당했다. 교통경찰 차에는 ДПС(Дорожно Патрульная Служба)이라는 표시가 있다. '도로 순찰 근무'라는 뜻이다.

한편 사람들이 중국에 다녀오면 헛갈려 하는 것 중의 하나가 공안은 무엇이고 경찰은 무엇인가 하는 점이다. 중국 경찰에도 러시아와 비슷한 사연이 있다. 중국공산당은 국민당의 전면적 공세를 피해 대륙을 시계방향으로 도는 대장정 끝에 섬서성 주변에 자리를 잡았다. 이때 공산당 근거지의 사회치안과 공공질서를 담당할 '인민경찰대'를 창설했다.

중국공산당이 내전을 벌이며 대륙의 패권을 다투던 중국국민당의 중화민국에는 이미 경찰이 있었다. 이후 일본 제국주의와 국민당을 동시에 상대하며 싸우던 중국공산당은 적들의 간첩 활동에 대응할 필요까지 생겼다. 국민당의 '경찰'과 차별화할 필요도 있었기에 공산당 각 해방구에 '공안국(公安局)'을 만들었다.

공산당은 국민당과의 전세에 승기를 잡으며 '중국공산당 중앙군사위원회 공안부'를 창설했다. 1949년 중화인민공화국 건국 후에는 '인민정부 공안부'가 출범했다. 공안부 산하에는 각 성·자치구의 '공안청'과 직할시·시·자치주·현의 '공안국', 구의 '공안분국', 그리고 각 지역에 '공안파출소'가 있다. 러시아 밀리찌야와 마찬가지로 중국 공안부가 맡는 분야는 다양하다. 경찰업무, 교통관리, 반테러, 사이버 보안, 소방, 감옥관리, 국적·호적·신분증 관리, 국경·출입국관리, 외국인 체류, 기관·단체·기업에 대한 치안·보위업무에 걸쳐 있다.

일반인들이 헛갈려 할 수 있는 부분은 두 가지다. 첫째, 공안부 바깥에 다른 경찰이 또 있다. 둘째, 중국 공안부 안에는 경찰이 있고 경찰이 아닌 공무원도 있다. 공안부 바깥의 다른 경찰은 법원과 검찰의 사법(司法)경찰, 그리고 대간첩 업무와 정권 보위를 담당하는 국가안전부의 국안(国安)경찰이 있다. 공안부 안에는 일반적인 공안경찰, 교통경찰인 교경(交警), 감옥을 관리하는 옥경(狱警) 등이 있다. 그리고 공안부 안에 경찰이 아닌 공무원도 있다. 공안부 안과 밖의 '모든 경찰을 통틀어 부르는 통칭'도 있는데, '인민경찰' 또는 '민경(民警)'이다. 그러므로 중국에서 '공안'과 '경찰'은 어느 것이 어느 것을 포함하는 상하위의 개념이 아니라, 서로 다소 다른 개념이라고 이해하면 된다. 예를 들어 공안부 내부의 경찰차에는 경찰(警察), 공안(公安)이라고 표시되어 있다. 공안부 바깥의 경찰 중에서 예를 들어 사법경찰차에는 경찰(警察), 사법(司法)이라고 표시되어 있다.

한국인을 비롯한 외국인과 외국기업이 중국이나 러시아에서 거주하거나 사업을 할 때 중국 공안 또는 러시아 밀리찌야를 상대해야 할 상황이 빈번하다. 그 상황은 출입국, 거주 등록, 체류증, 비자, 교통, 소방 등 이외에도 거주와 비즈니스의 목적에 따라 매우 다양하다. 공안 또는 밀리찌야 때문에 난관에 봉착했거나 좋지 않은 기억을 갖고 있는 외국인이 제법 많다.

러시아와 중국 경찰의 또 다른 공통점 중 하나는 '무장경찰' 조직이 방대하다는 것이다. 소비에트 혁명 시절 탄생한 '내위부대

(內衛部隊, Внутренние Войска)’가 그 시초다. 반혁명분자, 적대 세력을 찾아내 제거하고 볼셰비키가 장악하고 있는 지역의 철도, 광산 등 주요 자산을 지키며 주요 정치 인물과 세력을 보위하는 것이 임무였다. 러시아 홍군이 군대의 역할을 담당했고, 밀리찌야가 경찰 그리고 부가적 역할을 맡았다면 내위부대의 역할은 군대와 경찰의 역할을 오가며 임무를 수행하는 것이었다.

소련과 러시아의 무장경찰인 내위부대는 BB라고 불리우며 명성 또는 악명을 떨쳤다. 소련 시기와 구소련 해체 후의 러시아에서도 캅카스 등 소수민족 지역에 파견되어 무력 진압을 하고 계엄을 유지하는 역할을 했다. 푸틴은 이 무장경찰 조직의 이름을 ‘국가근위군(國家近衛軍, Национальная Гвардия)’으로 바꿨다. 국가근위군은 내위부대와 마찬가지로 시민, 차량, 가택에 대한 검문을 하고 무력을 사용할 수 있었다.

중국에도 러시아와 비슷한 조직이 있다. ‘무장경찰’이다. 중국의 길거리에서 번호판에 WJ라고 쓰여 있다면 그것이 우징(武警, 무경)의 차량이다. 1949년 중화인민공화국 건국 당시 ‘인민공안 중앙종대(纵队)’가 중국 무장경찰의 전신이다. 1958년 ‘인민 무장경찰 부대’로 바뀌었다. 1963년에 ‘인민 공안부대’로 돌아갔다가 1982년에 다시 ‘인민 무장경찰 부대’로 되었다. 무장경찰 조직의 명칭은 명백하게 경찰이지만 조직원의 공적 신분은 경찰이 아니라 군인이다.

중국 무경의 역할은 러시아의 내위부대와 비슷하다. 금광, 수자원, 삼림 등의 주요 자산을 지키는 임무가 있다. 천안문 광장 국기 승하강 의식 등 의장대 기능은 무경에서 군 의장대로 넘겼다. 중국 무경 조직 내에서 내위총대(内卫总队)는 대테러, 정치 요인과 세력 보위의 임무를 가진다. 기동총대(机动总队)는 돌발적 또는 대규모 집단 폭력사태를 진압한다. 전시에는 인민해방군과 공동 작전을 수행한다. 해양총대(海洋总队)는 해양경찰의 기능을 가지는데 연근해 치안과 밀수, 마약 범죄를 담당한다.

××××××

맺는 글

청일전쟁, 러일전쟁, 한국전쟁 이래 한반도에 큰 영향을 미치고 있는 두 나라 중국과 러시아는 한반도와 국경을 맞대고 있다. 리커창은 '이사 갈 수 없는(搬不走的)'이라는 단어로 지정학적 조건을 형용했다. 러시아와 중국 사이에도 때론 협력을, 때론 대립할 수밖에 없는 지정학적 요인이 물론 존재한다.

한국은 1990년 한러수교, 1992년 한중수교를 함으로써 비로소 상대방을 '국가' 그리고 '시장과 소비자'로도 인식하게 되었다. 한국은 시장경제를 운위하는 중국, 러시아와 교역하며 상호 이익을 추구해 왔다. 시장이 협소한 한국으로서는 지리적으로도 붙어 있고 소비자의 규모도 큰 두 나라와의 경제적 거래에 나서지 않을 이유가 없었다. 또한 현대의 디지털 경제와 글로벌 교역이라는 두 가지 테마만으로도 우리 젊은이들이 중국, 러시아 시장을 포함한 세계로 활동 범위를 넓힐 동인이 되어 왔다.

미국의 대중, 대러 견제 속에 양국의 밀월은 강화되고 있다. 신냉전 시대에 접어들었다. 글로벌 공급망과 가치사슬의 구도도 변화한다. 신냉전 국면에서 대만 등 도처에 산재한 향후 위기 요인은 한국의 사활을 위협한다. 인도태평양 지역 유사시 북한이 오판할 수도 있다. 이러한 상황에서라도 경제적인 국부는 정치, 외교력 못지않게 매우 중요하다. 국부가 있어야 국민이 살고, 국방에도 힘쓸 수 있다. 일각에서는 빨리 중국의 대체 시장을 찾아야 한다고 주장한다. 러시아와 중국을 이해하기 어렵다는 관점도 지배적이다. 또한 한국 내 여론은 러시아, 중국 혐오가 점점 많아지는 형국이다.

러시아와 중국은 글로벌 관점에서 '독특한 행태를', '공동으로' 하는 경우가 제법 있다. 어떻게 두 나라를 바라볼 것인가? 한국이 미국을 비롯한 서방만을 바라보면 안전과 번영을 보장받을 수 있을 것인가? 러시아와 중국에 대한 이해는 우리에겐 선택이 아닌 필수다. 이 책은 러시아, 중국을 관통하는 코드적 행태에 대한 비교문화적, 지정학적 해석을 시도한 결과다. 중·러의 대립과 밀월, 양국을 이해하는 입문 교양서이자 신냉전 시대 중·러의 코드를 이해하는 손바닥 상식이다. 미국과 서방세계 즉 유럽, 북미, 대양주, 일본 등은 잘 알고 있으니 다른 곳으로 관점과 시각을 넓히고자 하는 당신, 그래서 우리의 상황을 더 이해하고 세계를 품을 당신께 도움이 되기를 바란다.